【文庫クセジュ】

# フランス・レジスタンス史

J=F・ミュラシオル著
福本直之訳



白水社

Jean-François Muracciole
*Histoire de la résistance en France*
(Collection QUE SAIS-JE? N°429)

目次

III　パリ解放

# 第一章　初期のさまざまな抵抗活動

## I　個別活動から団体行動へ

### 1　抗戦か降服か

一九四〇年六月、フランス軍潰走の時点で残された選択肢は、抗戦か休戦かの段階であってまだ対独協力か抵抗かという次元ではなかった。抗戦論者は、純粋に軍事的な局面から発言していた。敗戦の責任を負うべきは軍のみで、政府はたとえ占領軍に国を自由にされても、植民地で対独闘争を継続するためのあらゆる行動の自由を保持しうる、というのである。他方、休戦論者のよってたつ基盤は悲観論であった。戦争はもう終結してしまった。今後はイギリスが敗走するか、降服するかの番である。このような状況下では、救えるものを救い、勝者と取り引きするのが一番得策というものだ、とするものである。しかし抗戦、つまり抵抗を支持するものはほとんど見当たらなかった。六月十六日、ポール・レノー内閣が第一次大戦の英雄ペタン元帥に政権をゆだねたとき、抗戦派に残された道は二つしかなかった。植民地への撤退か、イギリスへの亡命かである。最初の方策は挫折した。何人かの国会議員は抗戦を継続すべく大西洋横断定期船「マッシリア」号で北アフリカに向かった。彼らの出発をとめようとあらゆる手をつくしたペタン政府はカサブランカで彼らを脱走者として扱い、そのうちの何人かを逮捕した（そのなかには人民戦線期に閣僚をつとめたJ・ゼやP・マンデス＝フランスが含まれていた）。亡命に関していえば、実際に敢行したのはド・ゴール将軍唯一人である。ボルドーに政庁を移したP・ラヴァル、Y・ブーティリエ、Ph・ペタンたちの主張する休戦論は容易に圧倒的な支持を得ることができた。その大きな理由は三つ挙げられる。まず第一に、軍が最高司令官M・ヴェイガンを先頭に、P・レノーに代表される文民政府に対して軍だけが敗戦の責任を負うのは拒否する旨の声をあげた。その他にも、かなりの右派の人びとにとって敗戦は、彼らによる独裁体制を確立するまではいかなくても、一九三六年に「人民戦線」[1]というまったく許容できない形態をとった議会共和制に対して歴史的復讐を試みるまたとない好機のように思われた。そして最後に広汎な民衆の深刻な苦しみをも無視するわけにはいかない。軍の敗走、一五〇〇万を越える捕虜、あらゆる種類の失望、落胆に加えて集団避難の大混乱が生じた。前大戦での苦い経験を記憶にとどめている北フランスの住民の南下は六月十日以降パリ周辺部に達した。J＝P・アゼマ〔パリ政経学院教授〕は、あてもなく南下の道を辿る避難民の数を八〇〇万と推定している。しかも途上、通行が遮断されたり、機銃掃射を浴びたりしながらの避難行であった。そのうえさらに、痛切な心理的動揺が加わる。価値判断の基準がすべて崩れてしまった。一九三九年秋の反共産主義の波につづいて、休戦協定締結直後の一九四〇年七月、アルジェリアのオランに近いメール・エル＝ケビル港においてイギリス海軍がフランス艦隊を攻撃してフランス水兵一二〇〇名が生命をおとした[2]。当然、強烈な反英感情が湧きあがる。そのようななかで、フランス人の多くにとって第三共和制とともに議会制度まで非なるものと映るようになる。そのようななかで、休戦こそは民族的再起への希望、秩序回復への条件、これ以上の崩壊を食いとめてくれる最終の盾として国民に提示されることになった。そして、ほとんど宗教的雰囲気のなかで「全身全霊をフランスに捧げ」、神話的名声の後光に包まれたペタン元帥がなす術を知らない民衆の圧倒的多数を彼のもとに引き寄せたのである。一九四〇年の夏には、ペタン流の解決法は愛国的発露からのみならず「母国にとどまって救えるものを救う」理性的方法として登場した。一九四〇年七月十日、国民議会は、五六九対八〇の圧倒的多数でペタン元帥に全権を委譲した。休戦受諾以上にこの投票は共和制の否認を特徴づけるものといえよう。意気阻喪、日和見、安心できるペタン神話への自己放棄といったものがこの国の代表的色調となっていた。そして国の政治的、道徳的風土はまさに抵抗《レジスタンス》の精神を生みだすのに最も適していたのである。

（1）反ファシズム共同戦線として共産党、社会党、急進社会党、労働組合などが結集して一九三五年七月成立。数次にわたって人民戦線内閣を形成した〔訳注〕。

（2）イギリスがドイツによるフランス艦隊の接収を恐れて七月三日に実施した「カタパルト作戦」の一環である、この事件でヴィシー政府はイギリスとの国交を断絶した〔訳注〕。

## 2　最初の拒否反応

一九四〇年夏、休戦に対して示された拒否は不統一で散発的な行動でしかなかった。ユール＝エ＝ロワール県知事ジャン・ムーランはドイツ軍が強要した、植民地兵の名誉を傷つける文書への署名をするより自殺を試みるほうを選んだ。(1) ソーミュール士官学校の生徒たちはロワール沿岸で戦っていた。植民地軍の第一歩兵部隊のセネガル兵は停戦勧告が出たあともリヨン付近で激しい戦闘を展開していた。これに対し、ドイツ軍は捕虜虐殺の蛮行をもって報いた。六月二十四日および二十六日、ブルターニュの小さな島、サン島の成年男子のほとんどがイギリスにいるド・ゴール将軍のもとに馳せ参じた。六月十八日の将軍の呼びかけを聞いた人もほとんどいないが、その呼びかけに応えた人はなお少ない。

（1）六月十七日、シャルトルに進駐したドイツ軍は彼らによるセネガル兵捕虜虐殺を正当化しようとして、撤退前に黒人兵が婦人、子どもに暴行を働き、殺傷したという文面の公文書を示し、知事に署名を求めた。知事は断固として署名を拒否したため、拷問を受け納屋に閉じ込められた。絶望した知事はガラスの破片で喉をかき切り自殺を図った。ジャン・ムーランの代表的写真で彼が首に大きなスカーフを巻いているのもまだ治りきらない傷の包帯をかくすためである〔訳注〕。

「何かしなければ……」、フランスにおけるドイツ軍の命令を拒否しようとした人びとはつねにそう考えてはいたものの、一体何をすればよいのだろう。一九四〇年七月以来、社会主義者J・テクシエは『占領下の諸君へ』と題する地下出版のパンフレットをばらまいている。その主旨は「フランス人よ、ドイツ人を無視せよ」、である。G・コシェ将軍は、ペタンに忠誠を誓いながらも、休戦監視軍(1)に向けた抵抗への呼びかけに署名を連ねている。監視軍を隠れみのにコルソン大佐は大量の武器隠匿を企てている。マルセイユではH・フルネ大尉は秘密部隊結成を目的とした士官を募っている。ヴィシーでは元極右のカグール(2)団員であるG・ルストノ＝ラコが在郷軍人会の書記長の公的職務を利用して国外脱出用と情報蒐集向けの最初の組織の一つを作りあげている（それが「十字軍（ラ・クロワザド）」で、一九四〇年末に「連帯（アリアンス）」となる）。パリでは、一九四〇年秋より地下出版定期刊行物が出現する。R・デイスの『パンタグリュエル』、J・コレアールの『アルク』、それに青年共和党〔キリスト教民主系〕出身のR・ビュルガールとP・シモンによる『ヴァルミ』(3)などが挙げられる。いずれも発行部数の少ない、不安定な定期刊行物（『アルク』は一九四一年三月に消滅）で、消極的抵抗を弱腰に訴えていた。

（1）第一次大戦でのドイツに対すると同様に、一九四〇年六月二十二日締結の休戦条約二四カ条のなかに、植民地存続、艦隊保持と並んで治安維持のための兵力一〇万が許されている〔訳注〕。
（2）正式名称「革命行動秘密結社」（CSAR）、ユジェーヌ・ドロンクル創設。反共和主義、反ユダヤ主義の暗殺集団〔訳注〕。
（3）一九四〇年九月二十日結成。ヴァルミはマルヌ県の町の名で、一七九二年にフランス共和国がここでプロシャ軍に対して最初の勝利をおさめた〔訳注〕。

## 3 組織化のはじまり

一九四〇年も終わりに近づくと、これまでの孤立して横の連絡をもたない個人行動がある種のまとまりを示しはじめる。H・R・ケドワード〔サセックス大学名誉教授〕は、多くの場合横のつながりは既存の政治的組織や職業グループを中心に生まれていることを証明している。ブリーヴでは、キリスト教民主系の大物E・ミシュレが一九四〇年夏には忍従の拒否を訴えるビラをまき、戦災からの避難民の救済のみを目的にしていた彼の団体「社会活動班」を反ナチ活動家への支援組織へと変化させている。リヨンは早い時期からキリスト教系の抵抗運動の中心地となっていた。『現代』の編集長S・フュメは誌名を『新時代』と変えて彼の雑誌を刊行している。この雑誌はP・シャイエ師やF・ド・マントンのようなキリスト教民主系の愛国者たちの集結点の役割を果たすことになる。フランス青年カトリック協会の元会長で法学部の教授であるド・マントンはキリスト教系のこのグループと彼の大学の同僚の何人かとの連結を実現している。一九四〇年秋には彼は南部の大学の法学部でP=H・テートジェン、R・クールタン、R・カピタンらとの接触に成功し、定期刊行物『自由』を発行する。『自由』はペタン支持を表明するものの、対独協力を拒否し、ナチズムを排撃していた。

グループ化への努力は徐々に成果を見せはじめる。右翼団体「アクション・フランセーズ」(1)の元幹部、L・ド・ラ・バルドニはドルドーニュ地方で小さな情報グループ「ノートルダム信徒会」の結成に成功した。一九四〇年十一月には、レミー〔ジルベール・ルノーの変名〕のおかげで「自由フランス」との連繋もでき、パリではP・ブロソレットの活躍で驚異的成長を遂げた。同じ頃、H・フルネはM・シュヴァンス、B・

アルブレクト、R・ゲドン、C・ブールデ、H・オーブリなどの助力のもと、将来の「秘密部隊」の最初の中核をつくりあげている。このグループは「国民解放運動」の名のもとに非合法な『情報・宣伝雑誌』を発刊、これは一九四一年六月にはれっきとした定期刊行物『つばさ』となる。

（1）一九〇八年、シャルル・モーラ、レオン・ドーデの創設した国粋団体〔訳注〕。

占領地域でも、一九四〇年の終わり頃にはいろいろなグループができあがっている。あるものはすぐに出なくなる新聞を発行し、またあるものは短期間に消え去る運命にある活動団体を発足させた。「義勇軍」や「国民革命行動隊」などがそれである。後者は戦前の労農社会党のマルソー・ピヴェール派の社会主義者たちがトロツキストと組んで結成した組織である。一九四〇年九月、それまでは反独ビラをまいていた技師M・リポシュが空軍の仕官を結集して「解放者（CDDL）」を創立した。A・ユルトー大佐に代表される軍人は高級官僚、実業家とともに一九四〇年十二月にはもう一つの活動団体「軍民統一戦線（OCM）」を創設した。

一九四〇年秋には若い民族学者B・ヴィルデがパリの人類博物館に同僚のA・レヴィツキ、Y・オドンの協力を得て一つの組織を作った。南仏にも支部をおいて彼らは自由地区への脱出網をつくりあげた。一九四〇年末、ベテューヌ〔パ＝ド＝カレ県アラス北二五キロメートル〕の教師たちと弁護士A・ヴェイユ＝キュリエルが彼らの仲間に加わった。この弁護士はすでにL＝M・ノルマンやA・ジュビノと協力して「社会主義弁護士会」なる組織を作っていた。博物館長P・リヴェ（ファシズム監視知識人委員会の元幹部）の支援よろしきを得て、博物館グループは「民衆救済国民委員会」となり、定期刊行物『抵抗《レジスタンス》』を発行した。それにはC・アヴリーヌ、J・ポーラン、J・カスーなども参加していた。このグループは一九四一年二月、密告により一網打尽にされ、一九四二年十一月、モン＝ヴァレリアン〔パリ西郊の要塞〕での処刑により完全に壊滅した。レジスタンス史上、最初の大悲劇である。

社会主義者勢力の強いノール県もさまざまな活動の拠点となっている。ルーベ〔リール北一〇キロメートル〕の社会党市長J・ルバは一九四〇年の秋以来ベルギーに向けての脱出を運営する大切なグループを組織しており、また、新聞『自由人』（一九四一年五月、『第四共和制』と改称）を発行していた。ノール県の中心都市リールでは、一九四一年四月に社会主義者の公務員J・ヌートゥールがキリスト教民主系のN・デュメの協力を得てもう一つの地下定期刊行物『北の声』を発刊した。この地方で圧倒的な支持を受けたこれらの刊行物はやがて発行部数が数千を数えるようになる。

このようにして、一九四〇年の終わりには、数多くのグループがすでに結成されており、さらに続々と新しい組織が生まれ、地下出版物が発行された。とはいえ、いまだ「抵抗運動《レジスタンス》」と名づけるのは無理のようで、この段階でのこれらの活動はさまざまな形での抵抗活動《デ・レジスタンス》と呼べるようである。ここに登場する、軍人、キリスト教民主系の人士、「アクション・フランセーズ」の右翼、パリのインテリ、ノール県の社会党員、彼らのあいだの共通点はなんであろう。これら孤立した少人数グループ同士のあいだには横のつながりは存在していない。ペタンの演説に魅了され、日和見を決め込む一般大衆は多くの場合これらの活動に敵対的であった。あちらこちらで、拒否の声がかぼそく聞こえはじめているにしても、行動の機能化、遂行は依然困難な状態にあった。これらの初期のグループ——とくにノール県の場合——の大多数はいちはやく消滅している。一九四〇年十一月十一日におきたパリでのデモ行進は、おそるおそる実行にうつされたという意味で象徴的であった。この年、大学の新学期の始まり早々、ある種の緊張感が大学、高校にみなぎっていた。第一次大戦の休戦記念日である十一月十一日が近づくにつれ、C・ベランジェ、F・ド・レスキュルといった学生たちが反独親ド・ゴールのビラをくばりはじめた。

十月四日、親共産党の大学教授P・ランジュヴァンの逮捕が火薬に火をつけることになった。十一月十一日、ほとんど偶発的で政治的なつながりももたない凱旋門へのデモ行進は約五〇〇〇の大学生、高校生を集結させた。ドイツ軍との小競り合いが相つぎ、逮捕者は数多くにのぼった。実質的な成果は得られなかったにせよ、このデモは世論覚醒の最初ののろしとなった。

# II 「自由フランス」の誕生

## 1 抵抗(レジスタンス)への呼びかけ

一九四〇年六月十七日、国家主席となったペタン元帥は「断腸の思いで戦闘停止の必要」を放送する。六月十八日レノー内閣の政務次官であったド・ゴール将軍はフランス人の闘いの継続を訴える。六月十八日の呼びかけ(1)も、それに続く十九日から二十六日のあいだに行なわれたいくつかの訴えにも敗北の現実がはっきりと示されていた。フランスは「戦闘に敗れた」のであって、それは軍事的敗北でしかない。「機械力によってこんにち打ちのめされたわれわれも、将来さらにすぐれた機械力によって敵を打ち負かすことは可能なのである」。さらに、この戦争は世界規模のものであり、フランスはけっして孤立しているわけではない。無傷のまま残されている海軍と植民地をもってすればフランスにはあらゆる有望な可能性は充分に残されている。このような状況下にありながら、戦闘を停止させようとするのは犯罪的行為である。六月十八日の呼びかけは何よりも停戦を不可とする愛国的表明であり、同時にフランスの精神的な堕落が敗北の原因であるとする考え方を言外に否定する声明でもあった。ド・ゴール将軍はかくして占領軍に対する軍事的闘争と併行して休戦を受諾した政府への政治的闘争の意志を鮮明にしている。

（1）この呼びかけは「すべてのフランス人に告ぐ！」と題する在英国仏人向けのポスターとなって再登場する。最初一〇〇〇部、さらに一万部印刷されて、七月末よりイギリス各地の壁にはりだされた（二〇〇五年六月十七日、ユネスコの「世界の記憶遺産」に登録された）〔訳注〕。

この呼びかけは特定の対象を相手にしたものではなく、ド・ゴールは彼の権威のもとに馳せ参ずる覚悟のある軍民双方の幹部の賛同を求めたものであることはいうまでもない。六月十九日より二十七日にかけて彼はヴェイガン将軍や植民地の領袖たちに働きかけている。北アフリカの総司令官C＝A・ノゲス、中近東のE・ミッテラウゼとG・ピュオー、チュニジアのM・ペイルトン、フランス領西アフリカのP・ボワソン、それにインドシナのG・カトルーなどである。この最後にあげた遠く離れた植民地総督だけが好意的な返答をよこした。植民地の大半はペタン支持のままであった。ナルヴィックやダンケルク以後[1]、イギリスに駐留していた部隊約一三万人のうち七〇〇〇人だけが当時ほとんど無名の人であったド・ゴールその人に従う決心をした。これが「自由フランス」軍の最初の核となる。政治家に対する働きかけの成果も無にひとしかった。呼びかけに応じた大臣は皆無で、わずかに国会議員が二名ロンドンにやって来た（P・アンティエ、P＝O・ラピ）。全体で呼びかけにこたえたのは何人かの軍人（E・ミュズリエ提督、P・ルジャンティオム将軍、Ph・ルクレール大尉、P・ケーニグ大尉）および少数の人士だけであった（R・カサン、R・プルヴァン、H・オーク、G・ボリス、G・パレヴスキ、C・フーシェ）。この決定的な選択をすべきときに見られるエリート層の並外れた無気力には驚かされる。

（1）一九四〇年四月以来ドイツ軍に占領されていたノルウェーの港町ナルヴィックを英仏両国軍が奪回した（五月二十八日）ものの、七月にはイギリスに撤収を余儀なくされた。一九四〇年五月二十九日〜六月四日、ドイツ軍に包囲されるのを恐れてイギリス軍二三万、フランス軍一一万が丸腰でダンケルクよりイギリスに（一部はル・アーブルへ）撤退〔訳注〕。

一九四〇年八月初旬、ド・ゴールはこの失敗にもめげず、アフリカの参加を得るべくPh・ルクレールとR・プルヴァンにそのための任務を与える。チャド総督F・エブーエが最初に参加を表明する（八月二十六日）。その翌日、ルクレールの説得に応じてカメルーンがド・ゴール陣営に加わる。そして二十八日には、コンゴ＝ブラザヴィルのE・ド・ラルミナ将軍がド・ゴールの名のもとに「フランス領自由アフリカ」の指揮をとる。反面、フランス領アフリカ軍の最高司令官でヴィシー政府に忠誠を誓うボワソンはフランス領西アフリカの備えをかためた。一九四〇年九月二十三日から二十五日にかけたイギリス軍と自由フランス軍の共同作戦はダカールの前面で失敗に終わり、自由フランス軍の威信にメール・エル＝ケビル以来の手痛い打撃を与えることになる。八月から九月までのあいだに続々とド・ゴール陣営への参加がふえる。ニュー・カレドニア、ニュー・ヘブリデス諸島〔ニュー・カレドニアの北に位置する〕、そしてインドおよびオセアニアのフランス植民地である。一九四〇年十月二十七日、ド・ゴールはブラザヴィルに植民地防衛委員会を設置するが、実質的な勢力分割はできあがっていた。フランス領赤道アフリカ（一九四〇年十一月、仲間同士の戦闘の末ガボンの支配は確立されていた）は「自由フランス」側に、他の大部分は、つまりフランス領西アフリカ、北アフリカ、中近東、アメリカ植民地属領、そして原則的にはインドシナも、ヴィシー政府についた。

## 2　臨時政府樹立へ

単に非公式な有志の集まりにすぎなかった「自由フランス」は急速に政府としての資格をもつ機関に成長していく。傘下に加わった地域を管理、運営する必要や、国民全体を闘いに参加させようとするド・ゴール流の「抵抗《レジスタンス》」構想、戦争の勝利者の列に連なるために戦闘においても頭角を現わしておきたいとする思惑などによってこの変革が切実なものとなっていく。一九四〇年八月七日の「自由フランス」とイギリス政府の協定によって、両者間の関係の大枠はできあがり、活動のための財政的支援も保証されることになった。「植民地防衛委員会」が傘下の地域の運営にたずさわった。一九四一年一月に創設された四つの民事部門の長、参謀長、防衛委員会の代表から成る「行政会議」が開かれるようになる。さらに一九四一年九月二十四日、各種委員から成り、ド・ゴールが議長をつとめる「フランス国民委員会」の設置がその方向性を決定的なものにする。委員は各自議長に対してのみ責任を負うとはいえ、この機構は「自由フランス」の職能を正規の政府のそれに近づけようとしている。

一九四一年の各種委員は、R・プルヴァン（経済）、M・ドジャン（外務）、E・ミュズリエ提督（海軍）、P・ルジャンティオム将軍（陸軍）、R・カサン（法務・教育）、A・ディテルム（内務・情報）、M・ヴァラン将軍（空軍）であった。一九四三年の「フランス解放評議会」（CFLN）結成までこの組織には大きな変化は見られない。一九四二年三月、ミュズリエ提督が引退、一九四二年七月、A・フィリップが最初のフランス国内でのレジスタンス代表として「評議会」入りし、J・スーステルが情報担当委員に任命される。一九四三年二月、R・マシリが外務委員になる。

時を同じくして、「自由フランス」はヴィシー政府に真向から対決を挑む。法律家であるR・カサンは一九四〇年七月十日の国会議会での投票の合法性に異義をはさみ、ド・ゴールは戦争継続中の国家の指揮権に基づいてみずからの正当性を、休戦を受諾することによって国家の権威を葬り去ったペタンの政権簒奪と対比して訴えた。一九四〇年以来、「自由フランス」はヴィシー政府による法制の承認を拒否し、フランス国が共和国として継続しているとする基本原則を貫いてきた。[1]

(1) 次の点に関してはかなり重要視する必要がある。つまり、自由フランスは第三共和制のときとまったく同様の官報を発行しており、法的基範についても共和制の体系をそのまま継承している(原注)。

一九四〇年十月、ブラザヴィルで採択された、つまり「自由フランス」の行政命令は国民の事後承認を得るものとする決定はその意味で「自由フランス」の民主的性格を強めていることになる。

しかし、「自由フランス」が国家としての属性を備えだすと、同盟国との関係が複雑になってきた。チャーチルは休戦を拒否するフランス軍を無条件に支持すると同時に、「自由フランス」が国家として一人立ちしていくことを警戒していた。そのうえ、ダカールでの英仏共同作戦に見られた自由フランス軍の不甲斐なさ[1]やド・ゴール個人の妥協なき独立不羈の態度もイギリス側の反応を冷ややかなものにしていた。その結果、イギリスは独自の情報網をフランスに敷き、「自由フランス」への援助を極度に出し惜しみするようになった。一九四一年、シリアでの事件や一九四二年のマダガスカルでのそれも、[2]両者のあいだに深刻な不和をひきおこした。とはいってもチャーチルとド・ゴールは二人の共通の利害はよく心得ていたので、決裂に至ることはありえなかった。アメリカとの関係はさらにむずかしいものであった。ルーズヴェルトはド・ゴールに対してまったく共感を示さず、彼を未来の独裁者と見なしていた。通常、アメリカ外交はもっぱらヴィシー政権に向けられていたし、アメリカが太平洋にある「自由フランス」側の領土での基地使用を余儀なくされると、「自由フランス」の権威をいっさい認めないで、相手を「地方政府」としてしか認知しなかった。一九四四年までルーズヴェルトは、彼の目から見てまったく正当性を欠いている機関が権力を奪取するのにアメリカ兵が犠牲を強いられることなど絶対に承認できなかったのである。さらに在米のフランス人有権者のなかに反ド・ゴール派（A・レジェ、H・ド・ケリリス、C・ショータン）が力をもっていたことや、臨時政府の構想に反対の人士（J・モネ）がいたことなどが事態を複雑にしていた。一九四一年十二月、太平洋のフランス領群島サン＝ピエール＝エ＝ミクロンが「自由フランス」に参加したこともアメリカ人の目には反米敵対行為と映り、合衆国と「自由フランス」のあいだの無理解の壁はより高くなってしまった。一九四二から四三年にかけての北アフリカでの諸事件や一九四四年、フランスにおける権力獲得にまつわる問題が両者の対立をその頂点にまで押しあげることとなった。ソ連との関係のほうがずっと良好で、ソ連では一九四二年九月には「戦うフランス」（七月、「自由フランス」を改称）は認証されている。

（1）北・西アフリカの連結点であるダカールを非戦闘で占拠しようとした英仏軍の共同作戦が失敗して数百人の死傷者をだした事件〔訳注〕。

（2）シリアでの事件は六月八日、重装備のヴィシー派軍三万に軽装備の英仏軍が挑み、英仏軍四〇〇〇人以上の死傷者をだした出来事を指し、マダガスカルのそれは五月五日、英海空軍がマダガスカル北部の仏基地ディエゴ＝スアレズを予告なく攻撃、占領した事件で、ともに両国の政治的分裂を招く結果となった〔訳注〕。

### 3 「自由フランス」の活動と政治的方向性

一九四〇年から四一年にかけての「自由フランス」の活動は微弱なものであったし、何から何までイギリスに負うものであった。一九四一年三月、中央部局の総人員は文官、武官合わせて四五〇名以下であり、やっと生活できるだけの給料しか支払われていなかった。

最初の活動は宣伝を対象とするのがやっとであった。イギリス放送は、ミュンヘン協定[1]（一九三八年）以後外国語放送を増やしていた。フランス語放送（J・デュシェーヌ、P・ブールダン、J・オベルレ、J・

マラン担当）は一九四〇年七月より毎日三〇分の番組を提供した。なかでも「フランス人からフランス人へ」はとくに知られていた。一方、「自由フランス」はというとあまり出番を与えられていなかった。公式スポークスマンであるM・シューマンは、毎日彼に与えられた三分間で「名誉と祖国」と題する熱弁を振るわざるをえなかった。イギリス側の情報宣伝局（PWE）の統制は非常に厳しく、J・スーステルの率いる情報委員会とPWEの関係、さらにイギリス放送所属のフランス人チームとの関係すらはなはだ微妙なものであった。ロンドンからの放送を「自由フランス」の声だと思っているフランス人聴取者には想像もできない数々の衝突と検閲がくり返されていた。

（1）フランス（ダラディエ首相）とイギリスは、ミュンヘンでヒトラーによるチェコスロバキア領土の一部割譲（ズデーデン地方）を承認した〔訳注〕。

海外では外交団の大半はヴィシー政権側についた。それでもフランス人社会のなかには一九四〇年六月以来、「自由フランス人会」や「何はともあれフランス協会」など数多くの団体が生まれている。ほとんど人びとに知られていないが、これらの活動家はそれぞれ世論の形成に大きな役割を果たしたことは間違いない（エジプトのL・ド・ブノワ、アメリカのE・オードリ）。J・スーステルの意向に沿って「自由フランス」は国外に非公式の大使館に相当する「代表団」を設置した（メキシコのG・メディオニ、ワシントンのA・ティシエ）。情報委員会との緊密な連絡のもとに「代表団」は「自由フランス」の存在を知らしめ、さまざまな出版物を配付した（ニューヨークではH・ロジエの『フランスよ、永遠なれ』、カイロの『フランス・オリエント』、メキシコの『七月十四日』などである）。情報委員会も自分の出版物（『戦うフランスからの手紙』、『フランス・ノート』）を流通させるのに熱心であり、また、ブラザヴィルには放送局も設置された。一九四三年には、約三〇カ国が自由フランスに対し外交上の承認を与えている。

フランス国内にいるレジスタンス勢力との連絡も焦眉の問題であった。この問題を担当したのは暗号名パシ[1]事、ノルウェー作戦の生き残りA・ドゥヴァヴラン大尉率いる第二課〔諜報担当〕である。一九四一年十月には、第二課は「中央情報・軍事行動局（BCRAM）」と改称されたが、それは新機軸の組織で、軍事的な情報はもとより、政治的、経済的情報をも蒐集し、レジスタンスのグループと接触することを目的としていた。いずれは、フランス国内における地下工作を援助し、指揮するはずであった。この部局は、ヨーロッパの占領地帯で独自の活動を展開しているM・バックマスター少佐の指揮する「特別作戦本部（SOE）」所属のイギリス人とつねに衝突を繰り返していた。彼らにしてみれば、非専門家であるフランス人にはとても信用をおくことはできず、これらの活躍の指揮は自分たちにゆだねられるべきだというのである。BCRAMは一九四二年夏にはBCRAに改組されるが、相変わらずその独立は保っていた。それはとりもなおさず「自由フランス」の独立を保つことにほかならなかった。情報の処理や機器の獲得に関しても一つずつ交渉するしかなかった。一九四一年二月には、パシ機関には三台のラジオ送信機しかなかったが、同年末には約一二台に増えている。最終的にはイギリス側との折衝の結果合意が生まれ、フランスから来る情報のなかで「純粋にフランス的性格」を有する事物に関してはイギリスは関与しないことになった。

（1）第二課の責任者の暗号名にはパリのメトロの駅名が用いられた〔訳注〕。

活動の政治的方向づけは、国内レジスタンスに対しても同盟国に対しても、もめごとの源であった。最初期にはド・ゴール将軍はヴィシーに対する攻撃を主権と愛国心に関する面においてしか行なわなかった。イギリスの影響力や側近の政治的立場の多様さを意識したうえでのこの方向づけは、「自由フランス」が親英的なうえに反動的な団体であるとする強い印象を植えつけてしまうことになった。はじめての接触の機会に、相互の無知も相まってレジスタンス側の人びとからド・ゴール派がきわめて「右寄り」であるとして警戒されてしまった例は数少なくない。事実、ロンドンで「自由フランス」の内部においてすら、紛争と分裂は稀ではなかった。

G・ゴンボー、P・コメールらの社会主義者は新たに「ジャン・ジョレス・クラブ」を結成し、イギリスの労働党員と組んで、雑誌『フランス』を発行、ド・ゴールの「反動的」性格を懸念していた。ド・ゴール支持派の他の社会主義者（P・ブロソレット、A・フィリップ）と何度も衝突した挙句、彼らは一九四二年には「自由フランス」と手を組んでいる地下社会党から糾弾されている。雑誌『自由フランス』（R・アロンの協力により、非常に長く続いた）の編集長であるA・ラバルトはずっと激しい対立をかき立てるべく、ド・ゴールの正当性の欠如、権威主義、それに聖職者至上主義をごっちゃまぜにして告発している。ミュズリエ提督[1]の場合は、個人的野心や同じ軍人としての競争意識がまったくないとはいえない動機によってどんどんと亀裂を深めていき、——彼の率いる海軍はBCRAMに圧倒的力を及ぼしていると主張しており、——ラバルトに接触していく。一九四二年春には、彼らは「自由フランス」の内部ではじめての反ド・ゴールの分裂を引き起こし、一九四三年にはジロー陣営に投じている。

（1）軍歴はド・ゴールより上であった。レジスタンスのシンボルマーク「ロレーヌ十字架」の発案者である〔訳注〕。

生粋の共和派であるR・カサンや社会主義者G・ボリス、P・ブロソレット、P・ブロックなどの活躍により少しずつ曖昧さは消滅していく。反ヴィシー人士の参加により日々「左傾向」が強くなる国内レジスタンスとの接近は政治的方向づけの明確化を必須のものとした。一九四二年、レジスタンスを代表するC・ピノー、H・フルネ、E・ダスティエ、政党代表のF・グアン、P・マンデス=フランス、A・フィリップなどのロンドン訪問、およびL・ブルム、G・マンデルらの書簡による支持表明はド・ゴールにその立場を明確にする必要を迫った。一九四二年六月、ド・ゴールは国内レジスタンス向けに重要な宣言を発した。彼はそのなかで愛国的闘争の第一義的重要性を強調すると同時に、第三共和制をきびしく弾劾しながらも、彼自身が根本的な政治的、社会的改革への希求を抱いていることを明らかにした。「フランス人民は革命のために一つとなる。」一九四二年七月十四日、「自由フランス」は国内レジスタンスとの合体を知らしめるため「戦うフランス」とその名を改めたのである。

## Ⅲ　一九四一年六月までのフランス共産党

### 1　瓦解と再建

一九四〇年から四一年にかけて共産党がとった態度の根本的な原因を理解しようとするなら、一九三九年八月二十三日のナチス・ドイツとソ連との条約〔独ソ不可侵条約〕締結まで逆のぼらねばならない。一九三八年、フランス共産党は、過去二年間での目覚しい躍進ののちに、あらゆる舞台で退潮を余儀なくされた。条約締結後はさらに瓦解への道を歩むことになる。この条約の一件はフランスにおける共産党員とそのシンパにとって落雷に等しい衝撃であった。戦闘的意志はぐらつき、党員は激減し、同党の国会議員の三分の一は党のいうことを聞かなくなった。ソ連によるポーランド進攻後、ダラディエ政府は一九三九年九月二十六日の政令により共産党の解散を命じた。党の幹部と党所属の議員が数百人行政拘束を受けた。労働総同盟（CGT）も反共産党陣営に与《くみ》した。一九三九年九月二十五日、CG

Tは投票の結果、独ソ条約とその結果に反対しない共産党系の組合員の排除を決定している。一九三九年九月から一九四〇年六月まではフランス共産党が結党以来体験した最悪の時期であった。党の勢力がまだ弱く、歴史的にも新しい地方では、党の組織そのものの存在すら危うくなった。ノール県やパリ周辺のような党の基盤がしっかりしている地域でも党の劣勢はいかんともしがたく、さらに動員が党の解体に拍車をかけた。しかし瓦解が完璧であったわけではない。人民戦線の世代を中心とする多くの闘士が党を去ったにせよ、執行部の筋金入りの中核はその衝撃に耐えた。数の上では減ったものの、粒よりの古参党員のみがソ連外交を理解し、擁護するほうにまわった。

敗戦後の共産党の再建は劇的で目を見張るものがある。中央委員会は素早く再編成された。一九三九年九月以降、党幹部は散り散りになっていた。A・マルティはモスクワに、(一九三九年十一月にはM・トレーズもまた)、M・デュクロとM・トレアンはブリュッセルのコミンテルン本部に、B・フラションとパリ地区委員会は地方に退いた。トレーズはモスクワに留まったものの、デュクロとフラションは一九四〇年夏以来パリに戻り、中央委員会再建にたずさわっている。各県委と党中央との連絡は九月には回復している。鉄道を利用しての連絡の再開が党組織の再生に大きな役割を果たしており、それは国鉄内の党員の活躍に負うところが大である。マルタ・デリュモのようなノール県の党員はフランスとベルギーのあいだに(つまりコミンテルンとのあいだに)、情報・脱出網を組織している。同じ時期に共産党は組織の作り方を根本的に見直すことになる。一九三九年九月以来、フランス共産党は地下活動に入っているのである。党の再建に当たっては、党活動家の減少や非合法活動のもたらす不自由さに伴って、組織を機能させるための新しい規範が必要となってきた。従来の細胞単位での組織に代わって、党員三人から成るグループを最小単位とする細分化された構成が採用された。動員された兵士の帰還が部分的に戦力補給の助けとなった。S・クルトワ〔国立科学研究センター研究員〕は一九四〇年九月における党員数を一万人と推定している。その数字は——一九三九年の党員数の五パーセントに当たる——少ないとも多いともいえる。というのも、この時点でフランスに存在した政党は共産党（ＰＣＦ）しかなかったからである。この時期、議院は召集されず、他の政党は消滅し、労働組合は禁止されていた。

## 2　一九三九年〜一九四一年の共産党の政策

一九四一年六月、ドイツがソ連への侵略を開始するまで、フランス共産党中央委は独ソ条約締結の翌日に採択された政治路線を維持していた。ソ連の防衛を最終的根拠におくこの路線は、地下発行となった機関誌『ユマニテ』紙上で幾度となく繰り返される主要テーマの一つとなっていた。この戦争は帝国主義戦争で、そこにはフランスの労働者の出る幕はない。仏英の政治家は、ソ同盟との真の同盟を拒否したことによって戦争勃発と敗戦の避けがたい責任を負う。唯一の正当な闘いは革命的闘争であって、イギリス資本主義の走狗であるド・ゴール派の偽レジスタンスではないのである。モスクワの指導に忠実なフランス共産党は国内事情に重きをおかず、反ファシスト路線をはなれて一九三四年以前の「階級闘争」論を復活させた。このような状況下では、ドイツ占領軍との関係ははなはだ曖昧なものとなる。一九四〇年七月十日付の『フランス人民への呼びかけ[1]』でヴィシー体制は間髪を入れず徹底的に糾弾されているものの、ナチス体制は論駁されていない。

（1）実際よりも以前の日付がつけられている。おそらく、一九四〇年七月末あるいは八月初めの執筆と思われる〔原注〕。

そのうえ、同日付の地下発行の『ユマニテ』はドイツ兵と仲良くすることを呼びかけているし[1]、党幹部のなかにはデュクロのように機関誌の合法的復刊を実現しようとしてドイツ占領軍の宣伝部隊に働きかけを行なうものもいた。事実、共産党のおかれた立場は地域によっておおいに異なっていた。南部のヴィシー政権下では、ダラディエの政策がさらに強化され、いち早く容赦のない弾圧が始まっている。占領地域では、ドイツの出方は控え目であり、むしろ妥協的でもあった。一九四〇年七月には数百人の党活動分子を釈放さえしている。ブリュッセルの軍司令部に属するノール県やパ＝ド＝カレ県ではドイツ軍は石炭の生産量を確保したいがためにさらに慎重であった。E・ド・ジョングは一九四〇年末のノール県での炭鉱労働者の初期のストの例を挙げているが、その場合はドイツ占領軍は労使間の調停役をつとめている。とはいえ、このような態度は恒久的なものではなく、一九四〇年秋の大検挙に見られるようにいつでも弾圧に転換しうる姿勢をも併せもっていたのである。

（1）「宣伝梯隊」がそれで、フランス通のヴェーバー中尉の名がよく知られている〔訳注〕。

革命路線と反ヴィシー路線は戦術上の修正を加えられる。S・クルトワによると、第一期（一九四〇年六月〜九月）には党はドイツの好意的中立とソ同盟の遠くからの支援のもとに一九一七年のボルシェビキ決起をくり返すことが可能であると考えていたという。当時のスローガンは権力奪取である。その苦労も水の泡、ヴィシーをあてにしているドイツ側には共産主義体制を助成する意図はなかった。一九四〇年秋からは、B・フラションのてこ入れのもと、組合活動が最優先課題となった。食料供給の支障や一九三六年の人民戦線にまだこだわっている経営陣の頑迷さは活動推進に望ましい土壌を作りだしていた。共産党は主婦たちによる行進を組織し、ビラ、パンフレットの数を増やした。フラションは「人民委員会」を編成、いくつかの企業ではこの委員会が文学通りのゲリラ活動を行なった。しかし敵と目されたのはつねに経営陣とヴィシーであって、けっしてドイツではなかった。党が充分に力をつけたと感じだした一九四〇年末、党の勢力の強い地域ではストライキすら敢行されている。

## 3 「国民戦線」へ

一九四〇年の終わりから一九四一年のはじめにかけて、党の公式路線は全体の合意に基づいたものではなかったことがさまざまな出来事からうかがえる。リムーザン地方ではG・ガングァンは明白に反ナチ闘争を呼びかけている。パリでは「共産主義青年団」の学生たちが十一月十一日の凱旋門での愛国デモに参加している。ブレストでは、十一月に「トレーズを政権に、ド・ゴール万歳！」の落書があちこちに見られたことである。

党の中心人物（ボルドーのCh・ティヨン、パリのA・ウズリアス、ブルターニュのマルセル・ポールなど）はレジスタンス参加者のグループを集結させた。G・ポリツェール（一九四一年二月、『二十世紀の革命と反革命』を執筆）、G・ペリ（一九四一年四月、『否、ナチズムは社会主義に非ず』）のような知識人はファシズムに反対する感性をもちつづけていることを示している。地下刊行雑誌『自由大学』はこれらの軋轢を要約して載せている。この雑誌は一九四〇年秋に、党の知識階級であるG・ポリツェール、J・ソロモン、J・ドクールらによって創刊され、当初から愛国的、反ファシスト的色調を帯びている。一九四一年一月以来、党中央の管轄におかれると、『自由大学』は帝国主義戦争とイギリス資本主義に従属しているド・ゴール主義を糾弾するようになる。一九四一年六月からはこの雑誌はソヴィエトの闘いを称え、ナチズム排斥の論調となる。

このような軋轢も分裂や分派を引き起こすことにはならなかった。それらはせいぜい理屈抜きの反ファシズム闘士の危機感を表明しているだけである。ノール県での炭鉱労働者によるストの成功は、逆説的に共産党員としての立場の気づまりを強調する。共産党員の闘士M・ブリュレの指揮下、一九四〇年秋にはすでに始まっていた騒擾は純粋に社会的要求に基づくものである。紛争は翌年春には再び活発化する。一九四一年五月二十八日から六月九日にかけて、共産党の闘士を幹部にいただくノール県の炭鉱労働者一〇万人は経営者と占領者に挑んだ。組織から見ても、団結の力から見てもストは注目に価するものであった。また、その反響においてもそうであった。多くのフランス人にとって、炭鉱労働者の行動は何よりもまず愛国的であり、反独的であった。共産党の指導者は、中央であれ地方であれ、たとえばA・ルクールのように、ストの効力を弱め、ストを純粋に社会的要求の枠内に置きなおすという微妙な必然性の前に立たされることになった。フランス共産党は何はともあれ、党の進出力の強さとその組織能力の強さを証明したばかりなのであった。

孤立化への危機感と、とりわけバルカン諸国へのヒトラーの攻撃――これによりスターリンのドイツに対する態度は硬化した――によってフランス共産党は再び戦術的転換を迫られることになる。一九四一年四月末以降、この戦争が民族的性格を強めるであろうとするコミンテルンの新見解に従って、フランス共産党は一九四一年五月中頃、戦前の反ファシスト戦線をモデルにヴィシー政府に反対するすべての力を結集して「フランスの独立のために闘う国民戦線」を結成するよう、その任務をG・マラヌに課した。

とはいえ、フランス共産党に最終的決断をさせたのはソ連への進攻であった。たちまちにして党は帝国主義戦争への言及を止め、広汎な反ファシズム・反ドイツ戦線結成を呼びかけるようになった。別の観点から着想されたとはいえ、「国民戦線」はこのような場合には理想的な構想といえよう。

# 第二章　一九四二年末までの運動体

南部地域の対独抵抗運動《レジスタンス》は情宣活動を事《こと》とし、北部でのレジスタンスはただちに武闘へと発展していったとする従来のイメージは修正される必要があるようである。もとより北部におけるドイツ軍の存在が強烈な愛国的反応を呼びさまし、その結果容赦のない即時的弾圧を招いたのは事実である。一方南部では、少なくとも共産党員でない者にとって一九四二年までは、状況はさほど差し迫ってはおらず、「国民革命[1]」が何人も否定できない現状を作りあげていた。いずれにしても、南北両地域でのレジスタンス運動は、一九四二年のはじめまでは、武装闘争よりも政治活動や情宣活動に重きをおいており、武闘はどんな場合にも長い時間をかけて機の熟するのを待ったうえでの成果として登場するのである。北の共産党員の場合を例外とすれば、南部の抵抗活動家《レジスタン》が武力闘争へのさきがけを果たしたとさえいえるのである。

（1）議会共和制がもたらしたフランス人の精神的堕落、道徳的脆弱（敗戦の主因）を一掃して「フランス社会の有機的再統合」を実現するためと称して、ペタンが提唱したスローガン。「自由、平等、博愛」に代えて「労働、家族、祖国」を掲げた〔訳注〕。

## I　南部非占領地域

一九四一年から四二年にかけて南部地域では三つの代表的な抵抗運動体が組織されていた。「闘争《コンバ》」、「解放」、そして「義勇兵」である。

H・フルネは一九四〇年に情報と宣伝の二つの活動分野を重視して「国民解放運動」(MLN)を創設した。長期的には彼は「秘密部隊」の結成を目論んでいた。そこでフルネ大尉は休戦軍の第二課の将校たちと緊密な連繋を結んだ。「秘密部隊」は厳密に細分化されていて、六人班と三〇人班に分けられていた。しかし一九四二年までは実際上よりも理論上の枠組みにすぎなかった。当面の闘いは情報蒐集と宣伝に向けられていた。『つばさ』(一九四一年八月、『真実』と改称)は南部の人びとに軍事的情勢について知らせる役目を負っていた。一九四一年末、「国民解放運動」は三つの部局を備えていた。秘密部隊、情報部そして『真実』を発行している宣伝部である。

結成当初の地盤、南東部から、この運動体は南部全域に拡散していき、北部地域にも情報網を張り巡らした。これはP・ド・フロマンとR・ゲドンが指揮をとった。

ド・マントンを中心とする小グループは宣伝活動にも同様の力を入れていた。彼らの新聞『自由』はキリスト教民主系のR・クールタン、P＝H・テートジェン、A・コスト＝フロレなどの協力を得てマルセイユで発刊されていた。『自由』はインテリ階級に的をしぼり、敗北主義やナチズムを告発していた。『自由』グループはモンペリエではJ・ルヌーヴァンと彼の率いる遊撃班の参加を得て増強され、一九四一年夏以来、南部で最初の武力闘争を展開することとなる。破壊工作やJ・ドリオの「フランス人民党」（PPF）の党員をはじめとしてドイツの手先に対する襲撃などである。ルヌーヴァンとその補佐役F・パロックは、モンペリエの学生、セートの労働者、社会党のA・ティクサドールのまわりに集まっていたスペインからの共和派難民などから同志を募っていた。

一九四一年十一月、フルネとド・マントンの組織（「リベルテ」）は合併して「フランス解放運動」（MLF）と名乗ったが、むしろその出版物『闘争《コンバ》』の名のほうでよく知られている。『闘争』もまた、『真実』と『自由』の合併したものであった。一九四二年はじめ、「コンバ」はレジスタンスの運動体のなかでも最も強力にして最も組織のしっかりとしたものであった。組織を指導する執行委員会には、H・フルネ、C・ブールデ、M・シュヴァンス、F・ド・マントン、P＝H・テートジェン、A・コスト＝フロレが名を連ね、あとからR・ルールとG・ビドーがこれに加わる。組織の中心には二つの部局が置かれていた。「実働部」は情報部門、秘密部隊、それにルヌーヴァンの「遊撃班」から成り、新しい同志勧誘、組織、宣伝を担当する部局である「宣伝組織部」が『コンバ』の発行にたずさわった。一九四二年末、同紙の発行部数は八万部にのぼっていた。徐々に組織を強化するための新しい部局が増えていった。社会・経済部（部長B・アルブレクト）、行政機関工作部（NAP、リヨン責任者、C・ブールデ）、ゲリラ組織《マキ》（ジェローム事M・ブロー）、証明書偽造部（A・ボリエ）、外部交渉部（G・ド・ベヌヴィル）、労働対策部（最初は志願労働者派遣、のちには対独協力強制労働〔STO〕に対して、M・デグリアム）、鉄道破壊活動部（暗号名ラクロワ担当）一九四二年中頃、かくして一五〇〇名以上の闘士が地下にもぐり、それに秘密部隊の潜在戦士数千人が加わった。地区別の指導者は、M・ペック（リヨン）、J・ミシュレ（リモージュ）、M・シュヴァンス（マルセイユ）、R・クルタン（モンペリエ）、J・ドン（トゥールーズ）などである。

旧海軍士官のE・ダスティエ・ド・ラ・ヴィジュリは拱手傍観して休戦を受け入れるつもりはなかった。[1] 一九四〇年夏には彼はポール＝ヴァンドル〔ペルピニャン南二五キロメートルの港町〕で「何かしよう」とする初期のレジスタンス活動家の欲求から生まれた奇抜な軍事計画を作成している。少しずつ彼の計画の輪郭がはっきりしてくる。一九四〇年十一月には、彼はクレルモン＝フェランで哲学者J・カヴァイエス、技師R・オーブラック、そして歴史学教授でのちにオーブラック夫人となるリュシー、『エスプリ』誌のG・ゼラファなどと知り合いになり、休戦の拒否と抵抗運動への参加を訴えるビラを貼るグループ「最後列」を作った。ダスティエの願望は、組合活動家、社会主義者、共産党員の接点となれるような組織を作ることにあった。そのために彼は組合活動家と接触を試みている。「労働総同盟」（CGT）のL・ジュオー、G・ビュイソン、「キリスト教労働者同盟」（CFTC）のY・モランダらである。一九四一年初頭からは社会主義者と往来を重ねている。当時彼らはD・マイエール、F・グアン、H・リビエールにつづいて社会党再建のため、まず「社会主義者活動委員会」（CAS、一九四一年三月、ニームにおいて結成）を中心に行動していた。一九四一年七月、ダスティエはクレルモン＝フェランで「解放」を創設する。労働総同盟の組合活動家との絆もかたく、一九四一年十二月には『解放』紙は「労働者への呼びかけ」を掲げ、ヴィシー政府の労働憲章を弾該している。CGTのJ・フォルグ（のちR・ラコストに代る）は「解放」の執行委員会に迎えられている。「社会主義者活動委員会」が個人の資格で「解放」に加盟するよう呼びかけても、社会主義者と「解放」の関係はなかなか微妙であった。結局、P・ヴィエノ（のちA・ローランに交代）が執行委員会に入るのは一九四二年五月のこととなる。しかも組織内部での社会主義者の影響力はけっして北部の運動で見られたのと同じ程度になることはなかったのである。一九四二年十月、「解放」の執行委員会は、E・ダスティエ、R・オーブラック、J・ブルンシュヴィク、P・ヴィエノ（CAS）、R・ラコスト（CGT）、M・ポアンブフ（CFTC）で構成されていた。代表的地方指導者は、クレルモン＝フェランのG・カンギレム、トゥールーズのJ・フォルグなどである。

（1）由緒ある男爵家の三兄弟はそれぞれレジスタンスに参加、活躍している。長兄フランソワは空将でナチスの空軍大元帥ヘルマン・ゲーリングと親交があり、のちに駐ブラジル大使をつとめている。次兄アンリは元アクション・フランセーズの軍人で北アフリカで「五人組」の中心となった。三男エマニュエルは海軍士官、臨時政府の内相となる。参考文献参照〔訳注〕。

「解放」は「コンバ」と違って組織の仕組みがずっと軽快にできていた。組織は準軍隊組織（オーブラック担当）と政治活動部門（ブルンシュヴィク担当）の二つに大きく分けられていた。ともに基本的任務は地下出版物『解放』の普及である。一九四二年には同誌は発行部数三万五〇〇〇である。「解放」の軍事部門は「コンバ」の「秘密部隊」とは太刀打ちできる状態ではなかった。「解放」は何よりもまず政治的運動体であり、「コンバ」よりもずっと先鋭にヴィシー政府の忌避を表明し、日ましにより革命的、より左翼的傾向を明らかにしていた。フルネが軍隊式組織に属し、専門職化した戦士の養成を夢見ていたのに対し、ダスティエは抵抗戦士《レジスタン》の使命は民衆の蜂起を扇動し、それを指導することにあると考えていた。

一九四〇年末、リヨンで、政治的見解がさまざまに異なる愛国者たちが「フランス・リベルテ」を結成した。G・ヴァロワ（元極右「アクション・フランセーズ」）、E・ペジュ（元共産党員）、A・アヴィナン（「青年共和党」）などで、活動の内容も多様であった。ビラ貼り、高級官僚へのパンフレット送付、映画館でニュース上映時の野次など、活動を南部全域に拡大した。一九四一年十二月、組織の通称となる地下出版物『義勇兵』の創刊号が世に送られた。『義勇兵』にはリヨンのジャーナリスト――とくに『進歩』

の編集部から——G・アルトマン、Y・ファルジュ、J・ノシェなどの参加が見られる。一九四二年三月にはE・ペジュがレジスタンス陣営で生まれた最初の週刊紙『デュシェーヌ親爺』を復刊した（残念ながら長くは続かず十月以降姿を消すことになる）。「義勇兵」はまた、『自由雑誌』をも発行しているが、けっしてその運動を情宣活動に限っていたわけではない。南部全域から志願者を募り、一九四二年十一月十一日遊撃班は襲撃を敢行している。「義勇兵」の執行委員会は一九四一年にはJ＝P・レヴィ、A・アヴィナン、E・ペジュ、N・クラヴィエ、A・パントンで構成されており、それに一九四二年になってから、G・アルトマンとE・プティ（暗号名クロディウス）が加わっている。

南部地域ではそれ以外にも多くの抵抗活動のグループが誕生している。リヨンでは、旧「労農社会党（PSOP）」（M・ピヴェールとL・ヴァイヤンによって一九三八年に創設された「社会主義労働者インターナショナル・フランス支部（SFIO）」の反主流派で穏健派の反ファシスト分派）のM・フュジェール、P・スティブが分派を再編成して『決起部隊』を発刊した。同誌は一九四二年までに発行部数三万に達した。彼らピヴェール派の社会主義者の主たる方向づけは反ペタン、反資本主義であった。トゥールーズでは、イタリア人の亡命社会主義者S・トランタンが『解放と連邦』（一九四二年七月、第一号発刊）のまわりに、J・モック、V・オリオールのような社会主義者や、J・カスー、V・ジャンケレヴィッツのような反ファシスト・インテリ、さらにG・フリードマンのような共産主義者を結集させている。この新聞は戦前のフランスの行政区分に勝るものとして連邦制の計画と反ファシズム運動を連結させている。『解放と連邦』は主としてトゥールーズ周辺、タルン県、ジュール県に読者を多くもっていた。リヨンでは急進社会党員とフリーメーソンが協力して『鎖につながれた雄鶏』を発行して、共和制の理念擁護を訴えていた。（同紙はまた、ヴィシー政府の意向に逆らい、宗教色のない学校教育の存続を主張している）。サン＝テティエンヌでは、

J・ノシェが共和主義を鼓吹する『希望』を出している。マルセイユの社会主義者は、G・ドフェールやF・グアンを中心に戦闘集団を創設している（最初は「ヴェニ」と呼ばれ、のちに「闘うフランス」となる）。この集団はのちに、一九四一年に予備役士官P・フルコーの作った「ブルータス」グループに参加することになる。この「ブルータス」は当初右翼的傾向が目立っていたが、徐々に社会主義者（E・トマ、F・グアン、A・バイエ）が発言力を増してくる。リヨン、マルセイユ、トゥールーズではとくにしっかりした地盤を築いており、情宣、武闘に力を発揮した。

リヨンのキリスト教民主主義系誌『新時代』は一九四一年夏にとうとう発禁にされた。そこでP・シャイエ神父は『新時代』の対ナチ警戒心を受け継ぎ、ヴィシー政府の反ユダヤ主義を断固として糾弾する地下出版物『キリスト教徒の証言手帳』を発刊した。一九四二年の発行部数は五万部である。『手帳』の読者の一部はE・ムーニエの雑誌『エスプリ』と重複している。ムーニエ自身、最初ペタンを信奉したものの、徐々にはなれていき、一九四一年八月には彼の雑誌はF・ダルラン〔海軍元帥、ラヴァルの後継者〕によって発禁されるまでになる。ペギーに影響を受け、カトリック教徒である社会主義者G・ドリュも同じくキリスト教徒を地盤に、フランス・カトリック青年同盟やキリスト教青年学生連盟の小グループ（J＝M・ドムナック、ゴルテ、A・マンドゥーズ）とともにリヨンで『青年手帳』を発刊している。このグループが一九四三年に結成される「戦うキリスト教青年」の中核となる。「フランス独尊」が生まれたのもやはりリヨンにおいてである。この運動はローヌ峡谷に広まり小型ではあるが「コンバ」と同様に情宣部門（『フランスのことば』、『深夜新聞』を刊行）と武装部門（パルチザン組織「神殿騎士団（タンプリエ）」）を併せもっていた。

「自由地域」とされている南フランスではペタン神話が根づよいため、ここでの活動は情宣を優先させざるをえなかった。武闘の再開を可能ならしめるためには、まず敗北主義や傍観主義に陥っている世論を鼓舞する必要があった。そこに至るまでにはかなりの時間を要した。抵抗運動が大規模なデモを組織できるようになるには一九四二年を待たざるをえなかった。一九四二年五月一日、さらにもっと多くの参加者で七月十四日に、各種の運動体と「自由フランス」の呼びかけのもとに南部地域の主要都市でデモ行進が行なわれた。一九四二年十一月、ドイツ軍が南部地域を侵略するとデモ行為は禁止され、より激しい行動を余儀なくされることとなる。

## II　北部占領地域

一九四〇年の秋以降、北部地域では数多くの運動体が束の間の活動を行なった。すでに第一章で見たように、パリを中心とした初期の地下出版物、『パンタグリュエル』、『アルク』、『ヴァルミ』や、あっという間に消滅した三つの組織「決死部隊」、「義勇兵」、「国民革命行動隊」などがそれである。「ヴァルミ」の遺髪をついだM・ルネ（変名J・デストレ）は「抵抗」なるグループを結成し、同名の刊行物を出している。パリでは高校、大学を中心にいろいろな組織が生まれている。二名の学生、J・リュセランとJ・ウーダンは高等専門学校《グラン・ゼコール》の仲間を「自由を求める人びと」に結集した。J＝P・サルトルのような知識人、大学人は「社会主義と自由」を創設した。最もしっかりした組織は「フランス防衛隊」で、実業家M・ルボンの支援のもとに学生であるPh・ヴィアネ、R・サルモン、J＝D・ジュルジャンサンの作りあげたものである。彼らはソルボンヌの地下で組織と同名の雑誌を編集し、南部地域への逃げ道を整備し、偽造証明書を作成した。「フランス防衛隊」は当初はむしろ右寄りで、ド・ゴール派に警戒の念を抱いていたが、パリの学生たちのあいだでは多くの支持者を集めていた。

地方には中規模のグループが一〇ばかりできあがっており、その勢力範囲はあるものはその地方全体に、あるものは一つの都市内にしか及ばなかった。これらの組織のほとんどが情報、宣伝活動をもっぱらにしていた。

ナンシーでは、N・オバン、M・ルロワ、グランヴァル大佐らが公務員、憲兵を中心に「ロレーヌ」を組織した。ナンシーで地盤を固めてからこの組織は徐々に東部全域にその下部組織を拡げていった。一九四三年にはみずからの自主権は保ちながらも「ロレーヌ」は「抵抗者（CDLR）」に合流する。アンジェでは、V・シャトネ、Th・プーポらが「名誉と祖国」を結成したが、かなり早い時期に「中央情報行動局」の傘下に入っている。ル＝アーヴルでは、一九四〇年末、G・モルパン、P・ガロー、J・アモンらが情報蒐集と武器隠匿のためのグループを作っている。このグループは一九四一年四月に殲滅させられたが、生き残った人びとは今度は地下新聞『H時《アッシュ》』(1)と証明書偽造を中心に闘いを続けた。やはりル＝アーヴルでは、一九四一年七月には二人の青年J・マルトリュドとL・ペルランが『いとしのさすらい人』と署名したビラをまき、のちには『愛国者』という名のれっきとした雑誌を編集している。アルザスでは、C・バレイスが一九四一年一月にヴィシーの軍隊と結んで武装グループを計画したが、いちはやく壊滅の憂目を見た。

（1）大きな作戦の決行日をJ（jour）で示すように（英語D-Day）、決行時間は（Heur）で示す〔訳注〕。

北部地域では結局五つの運動体が頭角を現わすことになる。「抵抗者（CDLR）」、「解放者（CDLL）」、「軍民統一戦線（OCM）」、「北部解放（LN）」、「国民戦線（FN）」である。

R・ゲドンとP・ド・フロマンは占領地域でフルネの『情報《ビュルタン》・宣伝雑誌』を広めていた。彼らの計画では北部でJ＝Y・ミュリエが編集していた『ノール県とパ＝ド＝カレ県の小さな翼《つばさ》』を手本にれっきとした定期刊行物をだすつもりであった（この計画と誌名は南部でフルネが採用するところとなった）。彼らはまず、どちらかというと反ド・ゴール傾向の運動体を作り、「国民抵抗組織」（ONR）と名乗った。彼らはこの組織はゲドンやH・アングランはじめ度重なる逮捕により、殲滅され、幹部としてはJ・ルコント＝ボワネ唯一人が残るのみとなった。彼はP・アリジとJ・ド・ヴォギュエの支援を得て組織を再建した。新組織は一九四三年には「コンバ」との合流の試みに失敗してから、最終的に「抵抗者（CDLR）」と名乗ることになった。「抵抗者」は下部組織を地方に、とくにノルマンディ、シャンパーニュ、ロレーヌ地方に広げた。ロレーヌでは「祖国・ロレーヌ防衛隊」との合併に成功した。反面、ロンドンからの指示があったにもかかわらず「フランス防衛隊」は合併を拒否している。「抵抗者」には遊撃班と情報グループが設けられていた。

一九四〇年秋、技師M・リポシュはヴィシー政府の空軍に所属する急進社会党系の将校たちと組んで情報網と脱出網をもっぱらにするグループを結成した。このグループは「解放者（CDLL）」へと発展したが、同志は旧社会党員とまったく政治色のない士官たちから募られた。一九四二年から四三年にかけての冬には、恐るべき深刻な変動に見舞われた。多くの犠牲者が出てほとんどの幹部がいなくなった。リポシュ、ついでR・ココアン（変名ルノルマン）、G・ヴェディ（変名メデリック）、ジナ大佐らが逮捕された。初期からの指導者のなかで戦後まで生き残ったのはA・ミュテールだけであった。そのうえ、南部の占領によって「解放者」は支援を失うことになった。一九四三年初頭にはロンドンの「中央情報行動局」に接近し、空軍の旧急進社会党系の別グループである遊撃隊「復讐」と手を組まねばならなかった。公務員、士官層の助力を持って「解放者」は情報部門を得意としていた（ジナ大佐は赤十字の輸送部門を地下運動に活用していた）。「抵抗者」と「解放者」は必然的に軍事活動へと向かわざるをえない北部の抵抗運動の完璧な代表者と見なされていた。

士官から実業家になったJ・アルテュイは、G・ヴァロワの率いた小ファシスト団体「ファッショ党」の元幹部であったが、一九四〇年夏には休戦を拒否する『フランス人への手紙』を出している。彼は第二課のユルトー、トゥーニ両大佐とともに将校の在郷軍人会や「中産階級運動」の元活動家などから同志を募っている。「労働憲章」の作成という口実のもとにこれらの軍人は、情報網と脱出網を担当する最初のグループを結成した。一九四〇年十二月には、M・ブロック＝マスカールやA・サント＝ラグエのような「知識労働者総連合」の旧闘士が参加する。この二つのグループは合体して「軍民統一戦線（OCM）」となる。OCMは実業家、高級官僚、自由業などへの影響力を特色としている。P・ルフォシュ（オーブン製造会社社長）、J＝H・シモン（国務院所属弁護士）、J・ルベイロル（弁護士）、A・ルペール（石炭産業協議会会長）などもOCMに加わっており、他にも各省のかなり高位にある役人の多くもその仲間に数えられる。

一九四一年十二月、アルテュイの逮捕後は、トゥーニ大佐が補佐役ブロック＝マスカールとともに民間側のOCMの指揮を執った（大佐もまた一九四四年二月に逮捕された）。活動分野も多岐にわたった。軍事部門（諜報、脱出網、遊撃班）は優先的に扱われた。一九四二年で活動家の数は数千に及んでいたと推測されている。といっても抵抗運動の宣伝や懸案への熟考の機会が軽視されていたわけではない。OCMには政治、経済問題を検討する部会があり、そこが『OCM手帳』や『未来』などを編纂していた。OCMこの部会は「総合研究委員会（CGE）」に影響を与えるほどであった。OCMは北部占領地域のほぼ全県にその組織網をめぐらせていた。レミーやブロソレットによって結ばれた「自由フランス」との強い絆によって、OCMは一九四一年以後はその旗印のもとに占領地域の抵抗運動を統一する意気込みであったが、現実的にはそれは適わなかった。

「抵抗者（CDLR）」と「解放者（CDLL）」が政治的無色を標榜し、「軍民統一戦線（OCM）」が保守派の運動体と見なされていたのと同様に、「北部解放（LN）」は社会党系、組合活動家の支配力の強い組織として知られていた。この運動体の源は食糧省の官吏であったC・ピノーが発行していた新聞であった。初期にLNを動かしていたのはC・ピノー、A・ガジエ、R・ラコスト、Ch・ローランのような「労働総同盟（CGT）」の活動家とG・テシエのような「キリスト教労働者連盟（CFTC）」の闘士であった。一九四二年四月、ピノーがロンドンに去ると、今度はJ・テクシエ、L・ヴァロン、H・リビエールのような社会主義者の指導者が組織を統制した。

M・サドゥーン〔リール第二大学政治学教授〕はこの社会主義者による巻き返しについて、ノール県のA・ヴァン・ヴォルピュトに代表されるような、「社会主義労働者インターナショナル・フランス支部（SFIO）」の再建と「北部解放」の勢力拡大を同時に推し進めた活動家の成果を強調している。一九四二年以後は、「北部解放」の勢力地図は戦前のSFIOの地盤のそれと一致する。「北部解放」は北部で強いだけではなく――ここでは「軍民統一戦線」の軍事力が確立しているので必然的に諜報活動に力を入れざるをえなかったし、また、『北の声』のグループは「北部解放」に合流している――、西部や中央部でもやはりそうであった。この両地方ではリュガン、オーディベール、シャル三将軍の協力を得て、「北部解放」がレジスタンス側の統一された軍事力を手中に収めていた。反面、東部地方では弱体でJ・カヴァイエスの加盟にもかかわらず「南部解放」とのあいだに緊密な連絡は生まれなかった。

「北部解放」の活動は二重の側面とともに発展した。宣伝工作には、一九四二年には五万部刷られていた『解放』の普及がおおいに役立った。軍事面のほうはずっと弱体で、レミーが「北部解放」が「口先ばかり」の運動体であると批判している。それでも一九四三年以来、武装勢力のトップに立ったザラポフ大佐のおかげで、進歩の跡は見られた。

「国民戦線（FN）」は一九四一年五月にフランス共産党によって創設されたが、この組織も戦前の党組織同様占領地域に拡がっていた。公式的にはあらゆる出身の愛国者を吸収する適性を有していた。したがって、共産党員と運動体の指導者（たとえばY・ファルジュ）、急進社会党員（J・ゴダール）、キリスト教民主系の闘士（G・ビドー）、保守派（L・マラン、J・ドビュ＝ブリデル）、さらに社会主義者の古参（J・ブナン）そして聖職者（シュヴロ猊下）、が肩を並べている。実際は、この表面での統一運動のかげで、責任のある役職はすべて共産党員が押さえていた。二つの責任者会（北部区域ではP・ヴィヨン事R・ジャンスベルジェ、南部区域ではG・マラヌの指導による）が連繫を調整していた。

大量の機関紙（第六章参照）が情宣活動を容易にしていた。「国民戦線」は数多くの職業別委員会を抱えていた。いわく、「著作家、医師、弁護士、商人戦線」などである。共産党が何といおうと、「愛国青年連合（FUJP）」および「フランス婦人連合（UFF）」はその影響下に置かれている傘下の組織であることは明らかである。

熱烈な愛国心と積極的行動性を併せ備えている共産党はレジスタンスに入り込むのに「国民戦線」を利用した。すでに初期の抵抗活動家の何人かは（とくに「コンバ」と「軍民統一戦線」のなかで）、敵意のある反応を示している。一九四三年にC・ブールデ〔アンリ・フルネの補佐役〕はその不信感を次のように端的に表現している。「共産党の参加は結構だが、奴らの好き勝手にはさせんぞ。」

いずれにせよ、「国民戦線」はレジスタンスへの熱烈な参加を果たした事実以外にも、共産党が政治的駆け引きを取り戻すのを助け、祖国の解放以前にも党が一大飛躍を遂げる準備をしたことはまちがいないのである。

## III 初期のレジスタンスと「国民革命」

ヒトラーによって現出された一九四〇〜四二年のヨーロッパ情勢のなかでフランスの置かれている立場はきわめて特異なものであった。フランスには占領軍がいるのと同時に、ドイツに協力的でありながら国民的再生の政策を掲げる政府が存在したのである。そして抵抗運動はこの二つの現実に反対する勢力を中心にしてその団結を固めることになったのである。しかしそのような態度がはっきりしてくるにはかなりの時間が必要であった。ペタン派がいくら訴えてみたところで、政治的対立はけっしてなくならなかった。したがって共産主義者に対して取るべき態度も微妙なままであった。

このことからも初期の抵抗活動家のヴィシー政府に対する姿勢は、長いあいだ曖昧かつ不明瞭なものであった。さらに、一九四〇年〜四一年期において抵抗運動自身が内部に抱えていた政治的な異質性をも考慮に入れると、問題はことさら複雑化する。J＝P・アゼマの理解に限ると、「国民革命」（ペタン派の政策）の拒否は必ずしもペタン元帥その人（ペタン崇拝）の否定にはつながらない、というのである。

打ちひしがれた当時のフランスにあって、元帥の人気は絶大であった。ヴェルダンの勝利者の祖国を思う真心を疑う者など誰もいなかった。それに、ペタン政権が揚げた政見の大綱は同じくフランス人の大半を魅了する性質のものであった。第三共和制における政治家の駆け引きの弾該、民族の知的、精神的再生への渇仰、そしてなかんずく国民的団結の称揚などは一九四〇年の民衆の最も歓迎する項目であった。であるがゆえに、ヴィシー政権に逆らうこと、それはようやく見出された国民的団結を破ることに等しかったのである。ペタンがドイツを相手にダブル・ゲーム（二股、二枚舌）を演じて見せているという幻想が長いあいだフランス人に団結の維持を希求させ、多くの抵抗活動家もこの不幸な時期に内戦を惹きおこした責任を問われることをおそれ、ヴィシー政府攻撃を思いとどまっていたのである。

H・R・ケドワードは一九四〇〜四一年期における南部地域での抵抗活動家に見られる意識を分析しているが、それによると代表的なものは愛国心からのドイツ人に対する敵意、そしてヴィシー政権に対しての好感、もしくは共感、となっている。G・コシェ将軍の檄文を見てもその内容は激しい反ドイツ思想とペタン元帥に対する全幅の信頼とに分かれている。そこに盛られているのは「フランスの伝統的価値観にのっとった新しい秩序」である。フルネやド・マントンに代表される、右寄りの人びとからなる運動体がヴィシーの絆から解きはなたれるのはずっとあとになってからのことである。フルネはみずからを「伝統的、愛国的、家父長的右派」に属するものと定義しているが、彼の行動は反ナチズムによるのと同じ程度に国粋主義によるものである。一九四〇〜四一年期の彼の政治的立場は前体制の欠陥の拒絶と政治的、道徳的再生の必要の二点に成り立っている。一九四一年八月、『真実』紙上ではヴィシーの内政はまだ「容認できる」と評価されている。『自由』や『新時代』のキリスト教民主主義者も、『エスプリ』の人格主義者たち[1]においてもナチズムへの否定はペタン崇拝の否定を伴ってはいない。ド・マントンはモントワール以後でさえもペタン支持を続けている。その理由はフランス人の大半からみずからが孤立しないためでもあり、元帥の示した大綱への全般的賛同に際しても『自由』は、対独協力には反対したものの、この期に及んでもペタンが国の利益のために確信をもって行動していると讃えている。北部地域でも、「フランス防衛隊」はペタンの祖国再生政策の原理を承認し、自由教育への支持を表明している。「人類博物館」グループの左派インテリですら、一九四一年八月にはまだ「共産党、ド・ゴール派、ペタン信者」を一緒くたにして一蹴している。

（1）一九四〇年十月二十四日、モントワール（ロワール＝エ＝シェール県西端の町）でペタン元帥とスペインのフランコ総統との会談の帰途のヒトラーが会談、ヴィシー政権は対独協力の徹底化を公式に表明した〔訳注〕。

ペタンとその側近とのあいだの落差が、対独協力へのかたむきは非難しながらも、「元帥を支持し、「国民革命」のいくつかの面を承認させるに都合のよい状況を作りだしていた。一九四〇年十一月、『自由』は「元帥は圧倒的多数のフランス人に支持されていることを自覚されるべきである」、と宣言しながらも、P・ラヴァル〔ヴィシー政権副主席〕は「国を麻痺させている」とはげしく攻撃している。一九四一年八月、『真実』は「フリーメーソン、金権、政党」と闘っているペタンを擁護しているが、F・ダルランと対独協力に対しては告発の筆をゆるめていない。

抵抗派のなかにはヴィシー政権に対してずっと強烈な敵意を示していた人びとがいなかったわけではない。南部地域では、「義勇兵《フラン・テイルール》」が一九四二年になってからであるが、ペタン神話に敢然と挑んでいる。第一次世界大戦以来の悲観論への固執、軍事的準備不足の責任、並はずれた政治的野心によってペタンは敗戦の最高責任者であるというわけである。彼らの組織名から見てもその愛国的、共和的、革命的性格は明らかである。「義勇兵《フラン・テイルール》」は一八七〇年の愛国者〔パリ・コミューンの参加者〕を想起させるし、『デュシェーヌ親爺』は大革命期にエベール〔ジャコバン党左派〕の発刊したビラの再登場である。つづいて他の組織——より急進的だが弱小の——のなかからもヴィシー攻撃が見られるようになる。ピヴェール派の社会主義者は『決起部隊』紙上で資本主義的搾取の極悪化した形としてのヴィシーを告発する。『鎖につながれた雄鶏』による急進社会党派は非宗教学校を弁護し、ヴィシーの聖職者保護政策を弾該する組合運動家たちも、労働大臣になったR・ブランのてこ入れで、彼らのなかで最も修正主義的で平和主義者と見なされる人びとに対してヴィシーが行なった呼びかけにもかかわらず、早々と距離をおくようになった。一九四〇年八月に組合が禁止されると、L・ジュオー、S・ブュイソン（CGT）、M・ポアンブフ（CFTC）などを中心になかば地下組織である「経営・組合研究委員会（CEES）」を結成、同年十一月十五日には「フランス労働組合宣言」を起草し、ヴィシーの単独、強制の組合運動に拒否を示した。共産党はヴィシーに対して最もはっきりした姿勢、すなわち即時にして絶対的反対の態度を示した組織である。しかしながら、この態度は対独協力に反対する愛国的省察や共和制の理想の擁護に基づくものではなかった。ヨーロッパにおける新しい力関係に関するスターリン的分析にのっとって、共産党は革命的攻勢に身を投じ、ヴィシーを資本主義的反動の最悪のものと見なしていた。

初期の抵抗活動家の大半が第三共和制での政治的駆け引きと絶縁したいという意志を表明しているにもかかわらず、ヴィシーに対してとった態度が以前の政治的路線の帰結にほかならないのは驚くべきである。一九四一年には、抵抗家の路線はお互いに接近するどころか、より離れたものになっていく。そしてヴィシーには懐柔されながらも占領者と闘おうとする民族派とヴィシーを明確に敵視しながらも、ドイツ占領軍に関しては無言のままの共産党とのあいだに見られる正反対の構図が生じるのである。

二つの出来事の流れが事態を明確にしてくれる。一九四一年六月のドイツのソ連侵攻はフランス共産党に民族的立場に目を向けさせると同時に『真実』、『自由』派の抵抗活動家に彼らの反共路線の修正を迫ることとなる。反共は爾今、実質的にはドイツの同盟者の立場となる。しかしこの修正もすんなりとできたわけではない。一九四一年六月の時点では、『真実』、『自由』派はソ連への侵攻をむしろ歓迎していた。というのも、それによってフランスにとっての最悪の敵である二国が争うことになるからである。九月にはまだ『真実』は国民戦線に反対の立場を維持している。この二雑誌が彼らのおかれている国際的立場を修正するのは一九四一年秋のことである。しかもまだヴィシーとは決定的には断絶しないままである。ヴィシーとの決定的断絶はつまるところ、ヴィシー側が頑迷に対独協力と抑圧政策を遂行したことによって完成された。ドイツ軍による民衆の虐殺に対しての無言、反ユダヤ・反共和的処置、対独協力の加速度によりすべての抵抗活動家はヴィシーを見限ったのである。

将来「コンバ」に参加することになる運動体は一九四一年中に「国民革命」を拒絶する。フルネにとっては、「国民革命」に含まれている「国民的」性格は対独協力とは両立しないものであったし、『自由』に拠るキリスト教民主主義者は「国民革命」の反ユダヤ主義に仰天していた。「コンバ」内部では人格主義をもとに個人の尊重と社会の改革を目指す「人道的社会主義」に与《くみ》する軌道修正が始められた。その成果の一つは、フルネと親しい関係にあったデュノワイエ・ド・スゴンザック大尉が校長をつとめていた「ユリアージュ学校」(1)の一件であろう。ペタン神話からの脱却は、よりいっそうのむずかしさを伴った。長いあいだ「コンバ」の参加者は元帥がやがて我にかえるだろうことを信じたがっていた。一九四二年四月、ラヴァルが権力に復帰したのを見て、人びとははっきりと理解した。元帥はドイツの傀儡でしかなかった。

(1) ヴィシー政府は「国民革命」の指導者を養成するべく青少年の教育、訓練に力を入れ、各地に「青年の家」や「訓練学校」を設置した。一九四〇年夏に「グルノーブルの東一〇キロメートルに開校したユリアージュ学校(正式名、国立ユリアージュ幹部養成学校)もそのひとつで、国民革命の実験室として同年十月にはペタンが視察に訪れたほど重要視されていた。「御老体」の名でしたわれた校長以下すぐれた教授陣のもとで、智、徳、心の三柱の反ナチ、反独、親ペタン（一九四二年まで）の教育が行なわれ、約三〇〇〇名の卒業生を数えるに至った。この学校は一九四二年末にラヴァルによって閉鎖されるが、「ユリアージュ精神」は脈々と継承され、校長以下卒業生の多くがレジスタンスで活躍することとなる〔訳注〕。

この軌道修正において、大半が左翼出身者で占められている「南部解放」は全面的抵抗の理念、つまりドイツに対すると同時にヴィシーにも向けられている抵抗運動という方針を明確にすることによって重要な役割を果たした。一九四一年八月、『解放』は「抵抗憲章《レジスタンス》」を発表し、破壊（サボタージュ）活動を正当化した。十二月になると同紙は「新フランス革命」を呼びかけ、暴力行為への道を拓いた。同じ頃、J・ルヌーヴァンは遊撃班を選抜し、南部地域で最初の待伏せ攻撃を敢行した。共産党もまた、占領者に対する熾烈な武力闘争に入っていく。一九四二年初頭、武力闘争を時期尚早と見なして共産党の主張を認めない「コンバ」もヴィシーに対する全面的対決路線を採用している。

一九四一年秋にレジスタンスの歴史のなかで最初の大きな転機が訪れる。一九四〇年に休戦と占領を拒否した愛国者たちは、フランス人の単一性が失われたことを認め、彼らの戦いが内戦並みの規模を有している事実を甘受しなければならなかった。共産党はというと、彼らも一時期は、革命の展望を捨て、改めて国民的課題と対処することになる。国粋主義者、キリスト教徒、社会主義者、共産党主義者たちの奇妙なる出会い、つまりレジスタンスの統一が可能となってきたのである。

# 第三章　北アフリカでのレジスタンス

## I　連合軍上陸までの形勢

### 1　北アフリカでの「国民革命」

海軍における場合と同様、植民地も一九四〇年には重要な争点を、抱えていた。北アフリカの指導者たちの最初の意向は戦闘の継続であったように思われる。一九四〇年六月十五日、ノゲス将軍（モロッコ総督ならびに北アフリカにおける最高司令官）はレノー内閣に対して、北アフリカでの戦闘を準備する計画を通達している。アルジェリア総督ル・ボーはペタン元帥にアルジェリアへの後退を承知させようとあらゆる手段を用いて説得している。これらの提案に対するペタンの断固たる反対が表明されると、彼らの態度はすっかり変化してしまう。北アフリカは反旗をひるがえしたわけではないが、ル・ボーはアプリアル提督と更迭させられる。実際、北アフリカは「国民革命」が熱狂的に受け入れられた地域だといえよう。ヴィシーの抑圧政策は地元官憲の手で断固として行使された。ジェニエン＝ブー＝レズグ（アルジェリア南西部の町）のような南部の収容所では、共産主義者、抵抗活動家、ユダヤ人、スペイン共和派の亡命者たちが厳しい扱いを受けていた。軍の幹部、とりわけ海軍軍人は彼らのペタンへの共感を公にしていた。ヨーロッパ人の住民は、その権威主義的主張に心を動かされて圧倒的にヴィシー派であった。一九四〇年十月、ヴェイガン将軍が北アフリカにおけるヴィシー政権総代表の役職についた。対内的には将軍は国民革命の熱心な推進者の役割を演じていたが、対外的にはずっと独自な政策を実施するつもりでいた。一九四一年二月にはアメリカ人との経済協力の取決めを調印しているし、同年六月にはビゼルト〔チュニス北五〇キロメートル、チュニジア北端の港町〕の基地使用権を枢軸国に提供しようとするパリ議定書[1]への署名を拒否している。議定書締結延期の成功はやがて将軍の罷免を招くことになるが、だからといって彼が対独抵抗や戦闘継続の意志をもっていたわけではけっしてない。事実彼はアメリカの外交官R・マーフィやド・ゴール派からの度重なる申し出をことごとく拒否している。将軍の反独感情もペタンへの忠誠と突き当たると限界に達し、休戦条約の厳格な適用が関の山となる。

(1) ヒトラー・ダルラン間のベルヒテスガルテン会談の延長で、主として北アフリカにおけるドイツ軍の行動拡大を容認する内容である（一九四一年三月二十七日〜二十八日）〔訳注〕。

このような条件下において、北アフリカは、ヴィシー政権下のフランスのどこよりも、抵抗運動にとって都合の悪い風土であった。一九四一年初頭、A・ボーフル大尉、G・ジュース中佐のような愛国士官がアフリカ部隊を戦列に加えたくてアメリカ人と手を組んでいた。彼らはいちはやく密告され、逮捕され、その企ては水泡に帰した。同じ頃、これらの軍人とは無関係でいくつかの活動グループが生まれている。共産党のアルジェリア支部が思いついたのは、ジェニエン＝ブー＝レズグの収容所で死んだカッドゥール・ベルカイム〔アルジェリア共産党書記長〕のようなアラブ人と手を組もうとする計画である。しかし党の活動はあまりにも微力であった。ド・ゴール派にとっても、メール・エル＝ケビル事件のフランス人住民に与えたショックは大きく、彼らの反英感情はさらに活動を困難にした。警察署長のA・

アシャリ、Ch・リュイゼ大尉は一九四〇～四一年頃、ロンドンとのあいだに長期的な接触を可能にしようと努力したがうまくいかなかった。ド・ゴール派にとって最も頼りになるのは一九四一年中頃、R・カピタン、L・ジョクス、L・フラダンらが設立した「コンバ」の北アフリカ支部であった。彼らは北アフリカでもパリでのやり方を踏襲して、ビラ配付、『コンバ』紙の地方版発行を中心に宣伝に力を入れた。ブリュイヤック少佐やR・ムーニエ弁護士らが一九四〇年末にチュニジアで採った方法は次元の異なる作戦で最初の破壊グループの結成であった。チュニジアの各港に寄港中の枢軸国のかなりの戦艦の損壊に成功したものの、このグループは一九四一年六月に殲滅されてしまった。

## 2 「五人組」の策謀

このようなさまざまな困難を根底にして、北アフリカでは闘争に関しての新しい構想が一九四一年中に浮かびあがってきた。その構想はこれまでの運動の総括と行動原理に基づくものであった。すなわち、権力の掌握なくしては、そして外国勢力の支援なしでは何も成就しない。闘争を再開するにあたっても、政治的方向性の選択についてはいっさい行なうべきではない。この方針を中心に、政治的立場を異にする、反独という目標のみで一致した人びとのグループが結成された。R・カルカソンヌ、J・アブルケルのような愛国者、ユダヤ住民保護のための組織を整備したE・トゥミムやE・アトラン、といった人びとのほかにも、極右と目されていた人びとが参加している。「南部解放」の創設者のすぐ上の兄で元アクション・フランセーズのH・ダスティエ・ド・ラ・ヴィジュリ（彼自身もオランで特攻隊に志願している）、それにペタン派の愛国者たち、実業家のJ・ルメーグル＝デュブルイユ、その顧問で王党派のジャーナリストJ・リゴー、外交官T・ド・サン＝タルドゥアン、北アフリカにおけるヴィシー派青年団々長

A・ヴァン・ネッケ大佐、などである。このグループは「五人組」[1]と呼ばれている。ダスティエとリゴーをまとめ役にして彼らは軍と警察のなかに幾人かの同志を得ることができた（ベトゥアル将軍、ジュース大佐、アシャリ署長）。さらにマーフィ領事の仲介により彼らはアメリカ人との厄介な交渉に乗りだした。彼らが北アフリカで権力を握り、アメリカ軍の上陸を容易にしてやろうというわけである。アメリカ人はその見かえりとしてアフリカ軍の装備援助とフランスの政治問題への不介入を約束した。具体的な行動に入る前に、アメリカ人はフランス軍人の大物の参加を要請した。ヴェイガンは無能と見なされていたので、一九四二年四月にドイツから劇的な脱走を図ったジロー将軍に白羽の矢がたてられた。しかし将軍のほうはこのときヴィシーにあって、彼が一九四三年には実現するだろうと思っているプロヴァンス地方への連合軍の上陸に合わせて休戦監視軍を蜂起させようとする大胆な作戦構想で頭が一杯のため、アフリカ行きはすぐには決心がつきかねていた。ジロー将軍はアメリカ人に単独行動、つまりイギリス人抜き、とりわけ「反体制的なフランス人」抜きで決行する必要を強調していた。この見解はアメリカ人にも受け入れられ、「五人組」のほうからもなんら反対意見は出なかった。この事実は特筆されるに価する。それは北アフリカにおける反英感情と反ド・ゴール感情の強さ、そしてド・ゴール派によるのではなく、保守派によるレジスタンスの主導をはっきり示すものである。アメリカ人は実利的な性格から、一九四〇年以来このような精神風土を助長してきた。そして彼らはあわよくばヴィシーを戦闘に参加させられるよう、少なくとも植民地と艦隊に中立を守らせられるようにとヴィシー側に肩入れしてきた。このような条件下では、協調的でアフリカ軍を糾合しうるジローのような人物のほうが、妥協もしないし、北アフリカに大した支援勢力をも持たないド・ゴールのような人物よりもずっと多くの利用価値をもっているように思えた。一九四二年十月二十三日のシェルシェル会議——アイゼンハワー代理クラーク将軍とジロー将軍の代りにマスト将軍が出席——にもかかわらず、アメリカ人は彼らのなした約束を完全に守ったわけではない。ジローには作戦の指揮権は与えられなかったし、何よりもまず、モロッコとアルジェリアへの上陸は一九四二年十一月八日、予定の日付よりも一カ月も早く、レジスタンス勢力とのあいだに何の連結もなく決行された。

(1) 実体にそぐわない奇妙な名称であるが、一九四〇年夏に血盟したオランの実業家ロジェ・カルカソンヌとその弟、アルジェのアンリ・アブルケル(教授)とその子息ジョゼ・アブルケル(医学生)、それに当時オランの参謀本部第二課にいたアンリ・ダスティエ・ド・ラ・ヴィジュリの五名が核となっているための命名のようである〔訳注〕。

アルジェでは、十一月七日から八日にかけての深夜、J・アブルケルはごくわずかな手勢で数時間にわたって戦略拠点を押さえることに成功し、あまつさえ、偶然の理由で北アフリカに同夜いたダルランを逮捕することもできた。しかしながら、アメリカ軍の町包囲が遅れたため、ヴィシー政権側は事態を再び掌握することができた。アメリカ軍がアルジェの城内に迫ったとき、ダルランは二枚舌を使って、マーフィと取り引きする一方でフランス軍に発砲の命令を出していた。オラン地方やモロッコでは、カルカソンヌやベトゥアル将軍は援軍が来ないため反乱の企てに失敗している。ノゲスはこの二つの作戦の舞台でアメリカ軍と激しい戦闘を展開している。アメリカ軍が軍事的情勢において優位に立つには十一月十日を待たねばならなかった。レジスタンス勢力では軍の制圧は不可能であった。アメリカの戦略にとって鍵となる地方の政治的安定を維持できるかが危うくなり、アフリカ軍のペタン一辺倒の首脳が非難する「反体制的」ジローの無能ぶりを見せつけられると、地方権力の尊重という彼らの政策に忠実なアメリカ人は在地権力との取り引きを決定した。十一月二十二日の「ダルラン＝クラーク合意」(1)によって権力はダルランに集まるが、同時にこの合意には北アフリカのアメリカによる半占領の規定が含まれていた。

（1）アメリカ軍に占領権を与える条項を含んでおり、フランスは保護領となるはずであった〔訳注〕。

## II　ジロー派は抵抗勢力か？

### 1　「しのぎのダルラン」から「つなぎのジロー」へ

ダルランは脆弱なみずからの権威を高めるためにまず第一にアフリカの総督たち（ノゲス、シャテル、ボワソン）を頼みとし、彼らはダルランの指揮のもとに「植民地評議会」を結成した。ダルランはまた、五人組（ただし、除ヴァン・ネッケ）の賛同を得た。彼らは政府のような構造をもつ「アフリカ高等弁務官事務所」を打ちたてた。ジローは軍の総司令官に棚上げされてしまった。そのうえでダルランはヴィシーを手玉にとる。ペタン内閣の元大臣ベルジュレを高等弁務官補佐にして、ダルランは彼と「意志のはっきりしない」元帥とのあいだの秘密協定の話を流布させる。植民地はきわめて異様な形で戦争状態に入る。連合軍に対して発砲を命じた首脳がそのままの地位に留まり、しかもヴィシーの法体系が適用されたままなのである。北アフリカのレジスタンス勢力はその弱点と深刻な政治的対立を露呈してしまっていた。J・リゴーやJ・ルメーグル＝デュブルイユが枢軸国に抗してヴィシーを継承する勢力と結ぼうとすれば、カピタン率いるド・ゴール派が反対に廻る。アルジェリアの共和派（A・フロジェ、P・ソーラン）も共産党も、H・ダスティエのまわりの王党派にしてもやることは同じである。H・ダスティエなどは何故か警察職の長に任じられていたが、やっているのはパリ伯[1]個人のための仕事ばかりであった。このようなはなはだ錯綜した政治情勢のなか、一九四二年十二月二十四日、ダルランが暗殺された。暗殺者はボニエ・ド・ラ・シャペルといって、十一月七日にダルランを逮捕したレジスタンス派の一人であった。アメリカの強い要望で、ジローがダルランのあとを継いだ。彼は旧政府の同じメンバーを率い、アルジェリア総督にはヴィシーの旧閣僚の一人、M・ペイルトンを充てた。ジローはまた、自由フランスの反対派で反ド・ゴールの旗手である、A・ラバルトとE・ミュズリエの支持を得た。ジローは連合軍と並んで枢軸国に対する戦いを敢行するという強い意志と政治に対する彼自身の嫌悪感を表明した。闘いを彼の得意とする軍事的観点からのみ観察するのであって、彼にいわせると正統性のない臨時政府の考えなどまったく持ち合わせていないというわけである。国土さえ解放されれば、フランス人のみがその問題を解決しうるというのである。政治臭のない律法主義、それが次のジロー派のスローガンの意味である。「唯一の目的、すなわち勝利」。しかし実際上はヴィシー政府の法体系は立派に機能していた。北アフリカのユダヤ人にフランスの市民権を与えた一八七九年のクレミュー令はヴィシーによって破棄されていたが、ジローはそれを復権させることもしなかった。ダルランの暗殺に責任ありと見なされたド・ゴール派は監禁状態にあった。高等弁務官事務所が「北アフリカ軍民総司令部」に改変される一九四三年二月二日まで、ジロー派の権限は理論上は元帥の宗主権下におかれていた。

(1) スペイン領モロッコに住んでいたアンリ・ドルレアンのことで、ダルランの後任に担ぎだす動きがあったが、ジローを推すアメリカの反対で成功しなかった〔訳注〕。

それでもジロー派の勢力は拡大していった。ヴィシーに対する弾劾を拒絶されたのでは政治的にやっていけないことは明白なので、アメリカはアルジェのジローのもとにJ・モネを派遣して民主的転換を推進させることに成功した。一九四三年二月には、ジローはJ・モネやR・マイエールのような民主人士に門戸を開かざるをえなかった。一九四三年三月十四日、ジローは鳴物入りでヴィシーと決別し、共和制の原則の再確立を宣言し、政府内からJ＝M・ベルジュレのような札付きのペタン派を追放した。国内のレジスタンス活動が愛国的闘争と政治的闘争との関連性のまわりに連合しはじめている時期に、ジロー派の動きは、早晩ヴィシーやその政策と手を切らざるをえなくなるというのに、純粋に軍事的レジスタンスだけに頼るもはや時代錯誤としかいえない夢物語でしかなかった。

## 2 ジロー対ド・ゴール対決

北アフリカに、アメリカの後盾によるもう一つのレジスタンスの中心点が誕生したという事実は闘うフランスにとってはまぎれもない挑戦であった。ド・ゴールはダルランの試みに対して直ちに、断固たる糾弾を行なっている。ヴィシー政府や対独協力派が国民的闘争を指導することはできない、というのである。ジローに関しては、ド・ゴール派は当初から用心してかかっている。ド・ゴールがジロー派の軍事的意図だけでも是認した場合には、政治的構想の上全体に不調和が生じる。自由フランスの基本は国民全体が闘争に参加しているのだというこの巨大な政治的虚構の上に成り立っている。この観点からすればド・ゴールが作りだそうとしている臨時政府は合法的かつ必要不可欠なものとなる。というのもこの政府は全国民の意志の受託者だからである。ド・ゴール派の目から見れば、ジローは二つの重大なあやまちを犯したことになる。つまり、ジローがアメリカ人から与えられた権力を受け取ったこと、および臨時政府の編成を彼が断わったことである。一九四三年二月二十三日の覚書でド・ゴールは彼の要求を具体的に述べている。公正な臨時政府の創設、軍事力の一本化、ヴィシー政府の破棄、共和制的合法性の再建である。国内レジスタンス側から見ても、ジロー派は単なるヴィシー政権のアフリカ版にすぎないのであるからまったく容認しがたい。一九四三年一月十七日の「アンファ会議[1]」で二人の首長を何とか協力させようとするアメリカの試みも無に終わった。ジロー派が民主化への舵を切るのも遅きに失した。ペタン派を失望させ、共和派の理解も得られなかっただけであった。北アフリカでも少しずつド・ゴール派が地歩をかためていた。ド・ゴールの密使カトルー将軍が、「コンバ」のメンバーの助けを得て巧みな情宣工作を展開していた。軍隊からの脱走が増え、重大な問題となっていた。ヴァン・ネッケは全部隊を引き連れて自由フランス軍に投じた。しかし、決定的な支援がやって来たのは本国フランスからであった。国内レジスタンスは、ようやく結成されたばかりの「全国抵抗評議会（CNR）〔第四章参照〕」を通じて、五月二十七日、ド・ゴールの率いる臨時政府の樹立を要求した。ジローは折れ合うしかなかった。一九四三年五月三十日、ド・ゴールはアルジェに着いた。

（1）カサブランカの一画であるアンファで、ルーズベルト、チャーチルがド・ゴールとジローの和解を調停したが無駄であった〔訳注〕。

## Ⅲ　抵抗派の首都アルジェ

### 1　「フランス解放評議会」（CFLN）

一九四三年六月三日、「フランス解放評議会」が設立され、全土の解放まで自由化された地域での主権を行使することになる。「評議会」の性格や構成はまさに妥協の産物であった。この政府は双頭からなり、ジローとド・ゴールが議長職に就いた。委員のうちにはド・ゴール派（R・プルヴァン、A・ディテルム）あり、ジローの側近（M・クーヴ・ド・ミュルヴィル、J・モネ）ありである。さらに、アメリカの意志により、武装勢力は統一されることなく、各責任者が各々の部隊を統率した。まず、モロッコのノゲスとアルジェリアのペイルトンが粛清された。一九四三年八月四日、軍の権限は一括してジローに託され、ド・ゴールが掌握した文民政府の権力とは別種のものとなった。ド・ゴールはすでに既成の事実の上に優位に立っていたが、彼の勝利は、一九四三年十一月八日、ジローが共同議長の座を降りざるをえなくなったとき完全になった。[1] 一九四三年十一月九日の評議会の改造では臨時政府におけるド・ゴール流思考の勝利は明白である。評議会委員の選出にも、全国民的代表とレジスタンス組織ごとへの二重の配慮がうかがえる。「自由フランス」の代表（H・フルネ、R・カピタン、E・ダスティエほか）、政党代表（急進社会党のH・クイユ、P・マンデス=フランス、社会党のA・ル・トロケ、A・フィリップ、キリスト教民主系のF・ド・マントンほか）らが顔をそろえている。一九四四年三月には共産党（F・グルニエ、J・ビユー）の参加により国民的なたががさらにかたくなった。一九四四年六月三日、「フランス解放評議会」は「フランス共和国臨時政府」（GPRF）に改組された。

（1）くり返し議事妨害の意志を表明したのちにジローは、一九四四年四月にはもはや決定的に身をひくしか選択の余地は残されていなかった（原注）。

## 2　政都アルジェの復活

「自由フランス」がアルジェリアに本部を置いたことによってこの町の政治生命ははなばなしい復活

を遂げた。臨時政府および各種官庁はフロマンタン高校に寄寓することとなった。国内レジスタンスと各政党が各々の代表を派遣してきた。社会党は「フランス解放評議会」に大きな影響力をもっており、A・フィリップは一時期内務大臣をつとめた。アルジェリアに多くの支持者をもつ急進社会党は一九四四年六月にはアルジェで党大会を開くため、とりわけ活発な活動を展開していた。共産党も遅れをとってはいなかった。J・ビユー、E・ファジョン、V・バレルをはじめとする党幹部の何人かはヴィシー政府によってアルジェリアで勾留されていたことがあった。彼らは一九四三年二月にジローにより自由の身となった。五月には党のアルジェリアでの機関誌『自由《リベルテ》』が合法的に復刊されている。一九四三年十月、党中央委員F・グルニエのアルジェ訪問をもって党支部の再建は完了する。

最大の政治的出来事として挙げられるのは、一九四三年十一月三日、社会党のF・グアンが議長をつとめた臨時諮問会議の開催である。国民的な連合を願うド・ゴール派の希求に応えて、会議の出席者は一九四〇年の国会議員、アルジェリア県議会の代表、ならびに国内レジスタンス、政党各派代表から成っていた。この会議の権限はたしかに限られたものであった。会議でできるのは「フランス解放評議会」から委託された文案への意見を開陳し、評議会員の誰々の聴問を申請することぐらいである。しかしこの会議の果たした役割はきわめて重大であった。第三共和制の国民議会（下院）の規則とそっくり同じ議院規則をこの諮問会議は備えており、ここでの決議の権威はまさに政治的再生の象徴といえるものである。国際的な舞台でこの民主的機関がド・ゴールの重みをさらに増したことはまちがいない。

しかしながら、第三共和制の古い争いごとのむしかえし（たとえば政教分離の問題）や即製政党再建の速さと安易さなどが、政治活動の抜本的改革を望んでいたフランス本土のレジスタンス勢力に将来への悲観的な予測を強いたこともまた事実である。

# 第四章　統一レジスタンス

## I　統一への第一歩

### 1　統一の必要性とその問題点

一九四二年始め、ますます強くなっていく抑圧者側の力に抗して、レジスタンス側はその力を一つにする必要があった。財政および武器調達に関する問題が早急な解決を促していた。しかしながら、このような専門分野ごとの必要の解決のみで、政治的意志の結合を欠いていたのでは統一を磐石ならしめるには不充分であった。抵抗運動への共産党の全面的参加、ヴィシー政権への全員一致での否定、いまだ不鮮明ではあるものの革命待望への全体的意思表明などにより、軍事上の共同作戦や、運動体間の政治的協定への道が拓けてきた。ド・ゴールは自由フランスのまわりにレジスタンスの力を結集するようあらゆる手段を用いて呼びかけてきた。彼はそれが彼の唱える愛国的闘争の具現化であり、連合国に対する彼の立場の強化に役立つと考えていた。レジスタンス側と自由フランス側の双方にはお互いに理解しうる二重の動機があった。一方は資金と武器調達の必要、他方はより確かな合法性を追い求めていたからである。既成政党の復活も統一に有利に働いた。一九四二年以来、抵抗運動への社会党の参加、さらにそれ以上に共産党の躍進は明白である。これらの政党は彼らの活躍の認知を求め、自由フランスが彼らの望み通りにしようと思えば思うほど、それはイギリス人の目から見れば、自由フランスは政治的正当性を欠いたところで、つまり魚のいないところで釣りをしているように映るわけである。一九四二～四三年頃、ド・ゴールの戦略は自分のまわりに抵抗運動の組織と既成政党を呼び集めておくことにあった。ここに障害が一つあった。古い政治体制を拒絶して結成された運動体が政党のお情けによる自由フランスへの参加を拒否していることである。とはいえ、各自の独立を守りきれるかどうかも心配なため、レジスタンス組織の人びとはむしろこの問題の政党——とくに共産党——と合体してみようという気になった。かくして三者の奇妙なシーソーゲームが展開することとなった。

## 2 ジャン・ムーランの最初の任務と「統一レジスタンス運動」(MUR)の結成

フランス本土のレジスタンス勢力と自由フランスとの最初の接触は、一九四〇年にパシ機関の面々(J・マンシオン、P・フルコー、G・ルノー(変名レミー)、H・エティエンヌ・ドルヴ)がフランスにパラシュート降下したときにさかのぼる。一九四一年秋にはY・モランダに重要任務が託され、彼は「北部解放」の社会党員や労組員とのあいだに緊密な連絡網を築いた。この関係はのちに弱まってしまい、また全体としても北部区域に限られたものであった。一九四二年一月には「コンバ」はまだロンドンとのあいだに永続的な連絡網を築きあげるまでには至らなかった。レジスタンス組織間の統一の仕事を引き受けることになるのは、一九四一年九月にロンドンにやって来たジャン・ムーランであった。彼は一九四二年一月、フランスにパラシュート降下して戻る。そのときの任務は抵抗運動体の統一と「自由フランス代表部」の設置であった。彼の活動は南部の非占領地域に限られていたが、まず政治的なものと軍事的なものとの区別から始まって各専門分野を明確化することであった。その狙いは、各運動体における共通部門の統合を目ざすことにあった。そうして、一九四二年初頭には、「海空作戦本部」（SOAM）――のちに、「降下・着陸局」（SAP）および「ラジオ局」（WT）となる――が誕生。同年春には、G・ビドーの指揮するレジスタンス側の新聞報道部門ともいうべき「情報報道局」（BIP）、それに祖国解放の暁に行なうべき国会議員選挙の規模を検討するための「総合研究委員会」（CGE）が続いた。

次の段階としては、一九四二年九月のフルネ、ダスティエらのロンドン訪問によって準備された、南部地域の三大組織（「コンバ」、「解放」、「義勇兵」）の統一とこれらの組織の兵員の「秘密部隊」（AS）への編入である。一九四二年十一月二十六日にはジャン・ムーランを議長とする「南部地域調整委員会」が設置された。ドレストラン将軍が統一「秘密部隊」の長となり、兵員は「コンバ」をモデルにして六管区（R1〜R6）に分けられた。一九四三年一月、決定的な第一歩が踏みだされた。前述の三組織が合併して「統一レジスタンス運動」（MUR）となった。ムーランがMURの執行委員会議長、フルネは軍事部門（「秘密部隊」、「遊撃班」、「マキ」）を、ダスティエが政治部門（「行政機関組織工作部」（NAP）、「労働者行動隊」）、J＝P・レヴィは治安と情報を担当した。「統一レジスタンス運動」の秘書の仕事はJ・ボーメルに預けられた。

組織の体系は二重の構造になっていた。「全国制」は上下関係による大きな部局（たとえば「行政機関組織工作部」、「マキ」、「秘密部隊」など）、そして「地方制」では政治関係の執行部には従来の三大組織別の区分を尊重していた。たとえばリヨンの場合、三頭は「解放」のA・マルレ（変名、ジョアンヴィル）、M・ブロック（「義勇兵」）、M・ペック（「コンバ」）から成る。地方指導者のおもだったものを挙げておく。トゥールーズ（J・ドン）、マルセイユ（M・シュヴァンス、のちM・ジュヴェナル）、リモージュ（E・ミシュレ）、クレルモン＝フェラン（H・アングラン）。「二重壁の原則」というのがあり、全国部局と地方部局——地方責任者は「マキ」の活動には不介入——、政治部と軍事部は厳密にたて分けられていた。組織の安全のために考案されたこの原則は実際的には数多い問題を起こすほど同時に肥大化した行政機構を生みだすこととなる。

　占領地域では事態はより複雑であった。その理由としては数多くの少人数からなる活動グループの存在とより深刻な政治上の対立が挙げられる。A・ユルトー率いる「軍民統一戦線」（OCM）はすでに一九四二年四月、彼の指導のもと統一を試みたことがあるが無駄であった。「ノートルダム信徒会」（CND）もロンドンと抵抗運動体のあいだの仲介役として重要な役割を果たした。かくして、ブロソレットもロンドンに向けて出発する前にCNDのレミーと「北部解放」のC・ピノーを接触させている。CNDは「軍民統一戦線」とも連絡をつけ、さらに共産党系の「国民戦線」の武装部隊である「義勇遊撃隊」とも接触を試み、一九四二年春には、レミーと同隊のドリュモン大佐（変名、ジョセフ）との会見を企画している。北部地域でのジャン・ムーランの補佐マネス少佐（変名、フレデリック）自身も「抵抗者」のJ・ルコント＝ボワネと「解放者」のM・リポシュやG・ヴェディ（変名メデリック）との橋わたしの役を演じている。しかし、本当の意味での統一の実現と「占領地域司令部」（EMZO）の創設、および南部地域の「降下・着陸局」（SAP）に相当する「航空作戦局」（BOA）の開設を見るには、一九四三年一月～二月のパシ＝ブロソレット使節団[1]（両者の暗号名を用いて「アルキュビュズ＝ブリュメール使節団」とも呼ぶ）を待たねばならない。三月には北部地域の五大組織（「北部解放」、「軍民統一戦線」、「抵抗者」、「解放者」、「国民戦線」）を集合して「調整委員会」が設立された。この委員会も南部の場合と同様に軍事委と政治委の双方からなりたっていた。四月には武装勢力はCh・ドレストラン将軍の「秘密部隊」（AS）に合流された。

残るのは両地域に共通の構造を考えだすことである。

（1）ジャン・ムーランが南部地域で行なったのと同種のレジスタンス組織の情報・連絡網の調整機関を北部区域にも作るため尽力した〔訳注〕。

### 3　運動体の対立と統一の促進

ロンドンの指導に基づく統一への歩みは楽なものではなかった。幹部のあいだでの個人的反目やお互い同士相手を知らないことに加えて、政治的あるいは戦略的なきわめて現実的対立が存在する。一般的には各運動体は彼らの独立性を失うことを嫌っていた。軍事的共闘の必要は理解できるものの、政治的にド・ゴールやジャン・ムーランの指導下に入るのはお断わりだ、というわけである。南部地域ではフルネが「民間と軍」のあいだにムーランが設けた区分の仕方に重複している場合が多いとけちをつけていた。フルネは各指導系統ごとに限定的な区分を提案していた。この際もちろん組織単位の維持が基底となる。この解決案に対して「コンバ」の幹部たちは兵員の統督ができなくなるので難色を示していた（「秘密部隊」の兵力の七五パーセントは「コンバ」から出ている）。フルネはさらに、「統一レジスタンス運動」（MUR）が「マキ」と遊撃班を直接その指揮下に置くことを認めさせた。同時に「秘密部隊」のドレストラン将軍の待機主義戦略が即時かつ永久行動の必要性の名のもとに指弾された（ドレストランを「秘密部隊」の総司令官に任命したのはド・ゴールであるが、現実には彼はフルネの指揮下に置かれていた）。中央の技術関係部門も激しい議論のテーマとなった。運動体が自身でそれらを指揮下に置きたがっている場合（たとえば「降下着陸局」（SAP）、「ラジオ局」（WT））もあれば、それらの部門の有効性や方向性に関して運動体から異義が唱えられた場合もあった（たとえば、「総合研究委員会」（CGE））。ダスティエなどはもう長いあいだ、運動体の独立の名においてその解体、合併という考え方そのものに反対してきた。彼の反対の理由にはみずからの運動体「解放」が「コンバ」に弱体化され吸収されるのではないかというおそれがあった。一九四一年十二月にすでに彼は「コンバ」の創設者であるフルネやド・マントンとは力を合わせるのを拒否していた。一九四二年、彼の望み通り「秘密部隊」の司令官にはフルネではなく、「中立的な」ドレストランが再任された。

北部地域で、以前から「軍民統一戦線」の穏便派、「北部解放」の社会党、そして共産党の区分ははっきりしており、ここでもまた各運動体は「秘密部隊」の責任者には運動体の出身者をあてない点で意見の一致をみていた。

このように数々の対立や反目があったにもかかわらず、ジロー将軍の一件のおかげでレジスタンス勢力と自由フランスとの結びつきは確固たるものになった。既述のごとく、ド・ゴール派の活動に対してジロー一派が引きおこした挑戦は深刻なものであった。この事件を通じてド・ゴールはレジスタンス勢力を信頼すべき盟友と見なすに至った。レジスタンス側にしても一九四二年十一月の北アフリカでのさまざまな事件の成りゆきや、とくにヴィシー政権の幹部が権力の中枢に座を占めていることには衝撃を受けたものであった。当初は大きな信頼を寄せていたジロー将軍とレジスタンスのあいだには早々とぶつかり合いが生じた。ジロー将軍がヴィシー政権を否認することを拒否したことや、軍人として秩序を守る立場として、彼が非合法闘争に対して示した軽侮などがド・ゴールの旗のもとへのレジスタンス勢力の統一の動きを促進させることになった。

## Ⅱ　全国抵抗評議会（CNR）

### 1　CNRの結成

運動体や政党、労組を一つに結集した統一機構という発想がはじめて浮かびあがったのは、一九四二年の夏頃、社会党や組合活動家たちのあいだからである。そしてこの計画はジロー将軍の問題で頭を悩ませていた自由フランスの気をひくことになる。ジャン・ムーランの影響力が南北両地域に及びだした頃、アルキュビュズ＝ブリュメール使節団が根まわしを担当した。一九四三年三月二十一日、一度ロンドンに戻っていたムーランがド・ゴールの命を受けてレジスタンス勢力の全国的会議体の結成のためフランスに戻ってきた。政党を参加させるかどうかの検討が議論の中心であった。運動体の幹部たちは強硬に反対した。そのうちの何人か、フルネや「軍民統一戦線」の幹部M・ブロック＝マスカール、A・トゥーニのような、どちらかというと保守派の人びとはいっさいの政党を受け入れようとはせず、抵抗運動の全国組織結成の原則そのものさえ拒絶した。これによってフルネは将来の「全国抵抗評議会」（CNR）への参加を拒否したが、「解放評議会」（CFL）においてレジスタンスを代表することは承知した。他方、「解放」の幹部や北部地域では「抵抗者」のJ・ルコント＝ボワネのような左派寄りの人びとは左翼政党にのみ限っての合同を考えていた。自由フランスの密使のあいだでも混乱は深刻であった。「統一レジスタンス運動」（MUR）のときに統一の困難さを身をもって知っていたムーランは一九四二年にはこの計画にはむしろ反対で、ようやく一九四三年はじめに至って賛同するようになった。ブロソレットは断固たる反対を表明しており、その動機としてはきわめて民主的な第四共和制の憲法と既成政党の政争、駆け引きの再開とのあいだに見出せる矛盾を挙げている。ようやく一つの妥協点が見出された。「全国抵抗評議会」に参加するのは政党代表としてではなく、「党派」の代表としてというのである。巧みな表現ではあったとしても、運動体が一歩退かざるをえなかったことは明白である。さらに代表者の決定は組織自身に一任することも承認された。残るは評議会構成員リストの作成である。運動体については、すでにできあがっている合併を基礎に員数が割りだされた。南部地域の「統一レジスタンス運動」（MUR）三名、「北部地域調整委員会」（CCZN）に参加している運動体については各一名。それ以外の運動体は各々が任意に選択する評議員に附属するものとする。二つの労組（「労働総同盟」、「キリスト教労働者同盟」）と六つの「党派」には評議員の席が準備される（「共産党」、「社会主義者活動委員会」（CAS）、「キリスト教民主系」、「急進党」、「共和連合」、「民主同盟」）。右翼政党の扱い方はむずかしい問題であった。政党組織そのものが失くなっているうえにレジスタンス活動における活躍にはほとんど見るべきものなく、評判のよい代表を選ぶのも困難であった。そういうわけで「民主同盟」の場合にも、一九四〇年七月十日ペタンへの全権委任に賛成票を投じたJ・ラニエル――のちにレジスタンスに参加したとはいえ――を選ばざるをえなかった。

選出された評議員は左の通りである。

(1) 抵抗運動体

「コンバ」C・ブールデ、のちM・デグリアム

「解放」P・コポー

「義勇兵」Ｅ・プティ、のちＪ＝Ｐ・レヴィ、最後にＡ・アヴィナン
以上、「統一レジスタンス運動」
「抵抗者」Ｊ・ルコント＝ボワネ
「解放者」Ｒ・ココアン、のちＡ・ミュテル
「国民戦線」Ｐ・ヴィヨン
「北部解放」Ch・ローラン、のちＨ・リビエール
「軍民統一戦線」Ｊ＝Ｈ・シモン、のちＭ・ブロック＝マスカール
以上、北部地域

⑵ 政党（「党派」）

「社会主義者活動委員会」Ａ・ル・トロケ、のちＤ・マイエール
「共産党」Ａ・メルシエ、のちＡ・ジョ
「民主同盟」Ｊ・ラニエル
「共和連合」Ｊ・ドビュ＝ブリデル
「キリスト教民主系」Ｇ・ビドー
「急進党」Ｍ・リュカール、のちＰ・バスティド

⑶ 労働組合

「総同盟」Ｌ・サイヤン
「キリスト教労働者組合」Ｇ・テシエ

一九四三年五月二十七日、「全国抵抗評議会」（ＣＮＲ）はパリ、デュ＝フール街で初会合を開き、以

後レジスタンスの中心はリヨンからパリに移ることとなる。

## 2　CNRの機構と活動

評決には全会一致を原則とするCNRの議長には、ド・ゴールの全権代表のジャン・ムーランが就任した。一九四三年六月二十一日、カリュイール〔リヨン近郊〕で彼が逮捕されたあとは、『黎明《ローブ》』誌の編集長で戦前のキリスト教民主系の大物であるG・ビドーが議長を務めた。CNRの総会は保安上の理由でごく稀にしか開かれなかった。一九四三年九月には五人から成る政治局が設けられた（ビドー、ヴィヨン、サイヤン、コポー、ブロック＝マスカール）。政治局はCNRの基本的な仕事すべてを総括した。解放後の各省の事務局長を考慮し、計画書を立案し——総会で承認された——、「フランス国内軍」（FFI）の規約を定めた。

ムーラン亡きあとには明らかな路線の逸脱が見られるようになり、本来の評議会の役割とは全然違った機能を発揮するようになった。ムーランがフランスに戻る最後の機会にド・ゴールが彼に与えた指示に明らかなように、ド・ゴールはCNRに二重の機能を果たさせようとしていた。その一つは「国民的意志の代表機関の卵」としてレジスタンス各派の傾向を集約し、第二の要素としては執行部として「フランス解放評議会」（CFLN）の決定をフランスで適用させることである。だからCNRは議会とは異なるし、——議会の機能はアルジェの諮問会議に残されている。もっとも議員の大半はCNRがその指名に関与しているが——なおさら政府とは別であることはそこに全権代表が派遣されていることからもわかる。実際、ド・ゴールにとってはそれは何よりもまず彼の正当性を示す道具なのであった。これに対して、運動体や政党の理解はまったく異なり、CNRは将来において真の政府になるべく運命づけられている組織なのであった。「統一レジスタンス運動」にとってはCNRはまさに解放時の政府の小型でその「綱領」は正真の政府文書と見なされていた。権力獲得への決定的な闘いにおいてド・ゴールと対峙することになる共産党はCNRを自在に操り、これを「フランス解放評議会」（CFLN）に敵対させようと目論んでいた。レジスタンスへのより広汎な浸透を目的とする戦略の一戦術として共産党はあらゆる場で彼らの党員を全面に押しだし、社会党の足を引張る挙に出た。だからペタンへの全権委任に投票したラニエルを候補として容認したり、ビドーを議長に担ぎだす企策をしたりしているのである（ド・ゴールにとっては、CNRの議長は彼の全権代表以外にはありえなかった）。共産党は他方では、政治局の創設にも力を尽くし、一度それに成功するやその勢力拡大を図り、社会党代表の追出しをやってのけた。ヴィヨンは政治局の名実ともにリーダーとして振舞い、党の見解を押しつけることも一再ではなかった。全権代表、とくに「解放評議会」とのかくれた紛争は解放に至るまでCNRにはつきものであった。

一斉蜂起の問題について、即時行動か待機かを巡って「解放評議会」が運動体や共産党と対立した頃、一九四四年三月に採用された「CNR綱領」には共産党の影響が明らかである。「綱領」の規定の肝心の部分は即時行動の正当化と解放時に直ちにとるべき処置の提示に向けられている。その第二部は、レジスタンス運動の革命への息吹の総括となっており、当面の基本的改革の一覧表となっている（第七章参照）。

# Ⅲ　統一レジスタンスの機構

## 1　中央機関

一九四三年から四四年にかけて、レジスタンス機構が秘密裡にととのえられたが、なにぶんにも二頭制がさらに二重になっている組織の性格上、その複雑さは驚異的なものであった。「全国抵抗評議会」（CNR）と「自由フランス代表部」（DGFL）はさまざまな機関の管理を分担したものの、民と軍、中央と地方とのあいだの分離の原則は相変わらず保持されつづけた。

初代の「全権代表」はジャン・ムーランであった。「代表部」はフランス本国において「フランス解放評議会」（CFLN）を代表しており、レジスタンスとのあいだを調整し、CFLNによる権力奪取の準備をするはずであった。実際に資金や武器の分配を受持っていたのはCFLNであるため、絶大な権力を掌握していた。

ジャン・ムーランの逮捕後は、「中央情報行動局」（BCRA）のC・セリュールがその代行を務めた。一九四三年九月、ブロソレットの新しい任務ののち、ド・ゴールはジャン・ムーランの後任としてやはり旧知事であったE・ボレールを指名した。ボレールは一九四四年二月にブロソレットとともに逮捕された（後者は拷問による自供をおそれ、投身自殺して果てた）。次に代行に選ばれたジャック・バンジャンは新代表にA・パロディ（国務院主任審理官）が任命されるまでその職責を果たした。彼もまた一九四四年五月に逮捕され、青酸カリを飲んで自決した。パロディは解放までその地位に留まった。このように大量の犠牲者を出した悲劇によって、責任者の代行期間が長くなったため、「代表部」の運動体への権威はやや薄れぎみであった。それはまた、レジスタンスの幹部がさらされていた現実の危険を象徴する悲劇であった。

「代表部」は各地域に副代表を配置した。北方地域にはC・セリュール、ついでR・プレ、南方地域ではJ・バンジャンである。少しずつ「代表部」は、専門部門の数を増やしながら、本物の政府機関としての役割を果たすようになった。F・ブロック゠レネ（財政委員会）、J・マイエ（経済問題担当）、R・ラコスト（経済関係事務局間の調整）、E・ラフォン（知事任命選考）、Y・モランダ（「全国抵抗評議会」および「自由フランス」との連絡）、F゠L・クロゾン（「県別解放委員会」の設立準備）。両地域の事務局が以上を補佐し、各証明書の偽造、暗号、通信等さまざまな仕事を受持った。北方地域の事務局ではとくにD・コルディエ、R・シュヴリエが、南方地域のそれでは、ラランドルとJ・リュエフが活躍した。一九四四年、「代表部」は少なくとも二〇〇人を越える地下活動家の公務員を擁していた。

軍事面では、中央軍事委員（シャバン゠デルマス将軍）は南北両地域の委員によって補佐されていた（北方地域ではロンドリ大佐、のちにエリ大佐、南方地域ではブルジェス゠モーヌリ大佐）。さらに一二名の「地方軍事委員」（DMR）が加わって組織を完成させていた。

以上と平行して「全国抵抗評議会」（CNR）も独自の中央部局を配置していた。次に挙げるような各種委員会が設立されている。「強制移送反対闘争委員会」（CAD）、「各種委員任命委員会」（CODE）、「物資補給委員会」（CORA）、「医療委員会」（COM）（P・ヴァレリ゠ラルボ博士）、「社会事業委員会」（CO

ＳＯＲ）、（Ｐ・シャイエ師）。ＣＮＲの最も重要な部局は「軍事活動委員会」（ＣＯＭＡＣ）であった。この委員会はＰ・ヴィヨン（「国民戦線」）、Ｍ・クリーゲル＝ヴァルリモン（「統一レジスタンス運動」）、ド・ヴォギュエ（「抵抗者」）を中心としていたが、実質的には共産党の指揮下にあった。軍事活動を統括していたのがこの委員会である。

かかる錯綜した機構からは当然の結果として管轄の重複や紛争が生じることとなる。最初の亀裂として生じたのは「全国抵抗評議会」（ＣＮＲ）と「フランス解放評議会」（ＣＦＬＮ）の対立である。基本的な軍事上の問題（第六章参照）以外にも、解放時の人事問題、なかんずく共和国委員、県知事、各省を暫定的に機能させるための次官らの指名を巡っての紛争が頻発している。ＣＮＲが指名権を主張するものの、それは「代表部」にとっては譲ることのできない行政上の特権であった。ＣＦＬＮの強硬姿勢の前にＣＮＲも譲歩を余儀なくされた。結論的に、人事問題は「総合研究委員会」（ＣＧＥ）が検討し、「代表部」が提出し、ＣＦＬＮが承認することとなった。

もう一つの亀裂は一九四三年夏に、運動体が共産党の圧力をはねのけようとしたときに生じた。運動体に向けての共産党からの働きかけが積極的となり、みずからの自治能力に不安を感じだした運動体側は共産党とＣＦＬＮの双方からの重圧を逃れようとして「レジスタンス中央委員会」（ＣＣＲ）のもとに結集を試みた。このＣＣＲというのは、南方地域では「統一レジスタンス運動」（ＭＵＲ）の執行委員会に、北方地域では連絡調整委員会に属し、――つまり政党からは距離を置き――レジスタンス活動の自主的技術司令部と見なされていたもので、その独自の活動をさらに発展させようとしていた。これに対し、機構の単純化をおそれるバンジャンからは批判されたものの、一方ＣＮＲの弱体化を望むブロソレットからは支持を受け、結局ＣＣＲはその居場所を見出すことができなかった。共産党は切札ともいうべき

ＣＮＲを守るためにＣＣＲの力をそぐためにできることはなんでもやってのけた。そのため、一九四四年初頭にはＣＣＲはもはや実体のない形骸と化してしまい、その活動はＣＮＲに吸収されてしまっていた。解放を数ヵ月後に控えた時期でこの運動体のつまずきは、レジスタンス内部における勢力均衡がもはや運動体には有利なものではなくなっていることを示している。

## 2 「県別解放委員会」（ＣＤＬ）

「県別委員会」の発想は一九四三年夏、アルジェにおいて、「統一レジスタンス運動」の代表によって始めて持ちだされた。ド・ゴールはすぐさまそれを認可した、というのもそれはＣＮＲと同様の利点を備えていたからである。アメリカがイタリアでしてきたように、連合軍の力による「占領地域連合国軍政府」（ＡＭＧＯＴ）による行政の威嚇をちらつかせているこのときに、「県別委員会」は地方レベルでの権力の奪取を容易にしてくれるように思えたのである。一九四三年九月、Ｆ・クロゾンはＦ・レナールとモンスを補佐役にして自由フランス代表部のそばにＣＤＬの設置を準備するように「フランス解放評議会」（ＣＦＬＮ）より下命された。ＣＮＲ設立時におこったのと同じ紛糾が生じた。運動体は政党に対する敵意をむきだしにした。かくして、Ｃ・ブールデは政党の代表は運動体の指名によるようにと要求した。一九四四年初頭にはとりわけ紛糾は共産党とのあいだではげしくなった。運動体が地方における共産党一色の委員会設置を疑っていたからである。結局、ＣＤＬの構成メンバーを一〇名内外に限定することで合意を見た。しかも運動体代表の委員数と政党、労組代表のそれとをほぼ同数にすることになった。

ＣＮＲと「代表部」とのあいだの紛争も再燃した。一九四四年三月、ＣＮＲはアルジェで想定されていたのよりもはるかに徹底した「県別解放委員会」（CDL）の規約を押しつけてきた。「解放評議会」（CFLN）はCDLを解放後に知事の補佐役となる諮問機関と見なしていた（一九四四年四月二十一日付行政命令）。一方、CNRはCDLを解放時にもっと重大な任務を担う機関にするつもりであった。すなわち、CDLは一斉蜂起を準備し、時が来ればその先頭に立ち、解放後も県民代表としての活動を期待されていたのである。CNRはCDLのなかに各種の特別委員会（決起行動、犠牲者援助、追放者指名）をすら予定していた。このように極端にCDLを偏重した案を出してきたのは「パリ解放委員会」（CPL）で、この委員会にはA・トレ、G・マラヌ、A・カレルをはじめとする共産党の委員が大多数を占めていた。共産党の目論見では、「パリ解放委員会」は、パリを権力闘争の中心地と見なしていた十九世紀の革命的伝統に則り、パリ市議会に改組されるはずであった。パリ解放のときには、一斉蜂起はCPLと共産党員のH・ロル＝タンギ率いる「フランス国内軍」（FFI）によって一方的に引き起こされている。「パリ解放委員会」の主導のもとに共産党は一九四三年末には「解放地方委員会」（CLL）案を出している。一九四四年三月二十八日、「全国抵抗評議会」（CNR）は、「解放地方委」はCNRと「県別解放委」（CDL）に倣って各都市ごとに結成されるものと定めている。共産党は、パリの場合同様、「解放地方委」を各都市での市議会に移行させるつもりであった。共産党の意向では、レジスタンスに参加している地方組織は権力奪取の手段とまではいかなくても、少なくとも勢力浸透のための道具として利用するつもりであったようである。

かくして三つの大きな亀裂がレジスタンス内部に生じてしまった。運動体は政党の再生に敵意を示し、政治的な自立への欲求を明らかにした。そのことは運動体をして反ド・ゴールの立場を取らせることになる。そのうえ、共産党はレジスタンスの機構に割り込み、「解放評議会」と対立する抗争のなかでみずからに有利なようにその機構を利用しようとした。その場合はレジスタンス活動の独自性を守ろうと考えている運動体が共産党には予期せぬ盟友となってくれた。しかしながら、一九四三年夏以来、運動体は、共産党の危険性に気づいて自主独立した機構を打ちたてようと試みたが、すでに遅すぎた。非常に錯綜したこの三つの亀裂は、解放時の権力掌握に向けての広汎な闘争の副産物ともいえよう。

# 第五章　政党と労働組合

## I　政党の消滅と再建

一九四〇年六月の敗戦は必然的に深刻な政治上の激動を伴い、まず政党が大打撃を蒙った。ペタン元帥の演説は敗戦の一番の責任者としてこれまでの「体制」の支え手を体よく挙げている。国民の目から見ても彼らは、一九四〇年六月十日にペタンへの全権委任投票と彼ら自身が体現化していたはずの共和国の救済放棄によって信用を失墜している。

左翼陣営では、社会党は大多数が全権委任への賛成票を投じた。急進社会党でもごく少数の大物を除いては同じ道を辿った。P・マンデス＝フランス、J・ゼは大西洋横断定期船「マッシリア」号で国外脱出して投票に参加しなかったし、下院議長E・エリオは棄権し、P・バスティド、T・レヴィヨンは反対投票を行なった。右派の翼賛はずっと鮮明であった。議会における二大右派勢力（民主同盟、共和連合）ではP＝E・フランダンを先頭に圧倒的多数がペタンに賛成票を投じた。わずかに数人の選良（L・ジャキノ、J・ラニエル、L・マラン）が前後してペタンとの距離をおくようになった。社会党はペタン新体制を支持し、在郷軍人会の幹事に多くの党員を送り込んだ。それでもごく例外的にド・ラ・ロックは反独抵抗を呼びかけ、Ch・ヴァランやバラシャンはヴィシー政権と一線を画していた。第三共和制とともに姿を消したのは、実際、政党と伝統的な政局であった。レジスタンス活動家はほぼ全員が強硬な政党忌避論者であった。彼らは政党がフランス人のあいだに人為的障害を横たえ、戦争に向けての備えを怠ったと非難した。根本的には、政党への拒絶は第三共和制における政争の拒否と混交している(とくに「コンバ」や「軍民統一戦線」の活動家にはその意識が強かった)。大半が新しい思想の持主である活動家たちは彼らの価値観(勇気、無私、祖国愛)と政党人の無能、凡庸ぶりを鋭く対比させていた。彼らは休戦の拒否が招いた政治的混交と運動体における政治的多様性とを推進していた。論理上は彼らは旧政党の再建には厳しく反対し、新選良を送りだせるのはレジスタンス陣営からであると確信していた。この全般的な見解にもさまざまなニュアンスの差はうかがえる。「コンバ」や「軍民統一戦線」は政党の無益性を強く主張し、「総合研究委員会」は、一九四三年八月には、さらに政党の「有害性」をすら説いているにせよ、他の人びと、たとえばキリスト教民主系のF・ゲ、社会党員R・ラコスト、J・モック、あるいは無党派のR・ステファンなどは政党という考えを捨てきれず左右両派を包含する単一集団の過渡的な結成を提示しているのである。さらに、E・ダスティエのような人は、解放時に新しい政党を生みだすためにレジスタンス陣営は旧政党の闘士に門戸を開くべきだと考えていた。

いずれにせよ、政党は徐々に表面に浮かびあがってくる。共産党は地下活動を生き延び、社会党は「社会主義者活動委員会」を設立、キリスト教民主系の一派は数々の雑誌や運動体のまわりに結集した。右派のあいだでもヴィシー政権と決裂する人びとが出てくる。P・レノーは一九四二年に「民主同盟」の一部を自由フランスに加わらせている。L・マランと「共和連合」の幹部の何人かは「国民戦線」に参加している。二つの大きな出来事がこの政党の復帰を促進するのに力を貸している。一九四二年初頭にヴィシー政府によって企てられたリオム裁判[1]は第三共和制を裁くためのものと見なされていたものの、被告人には望外の討論会となった。自分たちへの告発をペタン元帥の戦争準備の怠慢へときりかえし、人民戦線政府の軍事予算を弁舌さわやかに弁護することによってダラディエとブルムは政党再承認の口火を切った。

（1）一九四二年二月二十日〜四月十一日、ヴィシー政権は敗戦の責任を人民戦線政府に転嫁するためクレルモン＝フェラン北方の町リオムで裁判を開始した。被告は元首相レオン・ブルム、元国防相エドゥアール・ダラディエ、参謀総長ガムラン将軍ほかである。ヴィシー政権の狙いは敗戦をもたらした共和制を裁くことにあった。ところが裁判の過程でヴィシーの意図とは逆に人民戦線政府の国防努力と軍の戦争努力の放棄が鮮明になってきたため、ヒトラーの暗示によって裁判は無期延期となった。この裁判の被告たちは一九四二年四月にドイツに連行されている〔訳注〕。

一九四二年四月に裁判が中止されたのち、L・ブルムは自己の信念を披瀝し、運動体は闘争を取り違えており、政党なくして民主主義はありえないと述べている。社会主義者の自由フランスへの参加の意味もここにあり、一九四二年十一月にド・ゴールに当てたL・ブルムの手紙にはこう書かれている。「政党なくして民主主義なし。政党を教化し、再生させるべきで、排斥すべきではありません。民主国家というものは、必然的に政党の連合体からできるもので、将来のヨーロッパ共同体もまた当然、自由諸国の連合体でありましょう。」

国民的な正当性を求めている自由フランスもまた、レジスタンス活動家の敵意をものともせず、政党の再生に欠かせない役割を演じた。一九四二年末、運動体はレジスタンスにおける政党の役割と、また政党の大半が自由フランスの首長と密接な関係を築いている事実をもはや無視できなくなった。社会党はブルム、A・フィリップ、F・グアンを通じて、急進社会党はマンデス＝フランスやH・クイユ、キリスト教民主系はビドー、右派はレノー、J・ラニエル、L・マランを通じてである。共産党でさえ、一九四二年九月のスターリンによる自由フランス承認以後は、ロンドンに党の代表（F・グルニエ）を送っている（一九四三年一月、ロンドン着）。政党ではなく「党派」として承認した「全国抵抗評議会」（CNR）の妥協は一九四三年初頭における運動体のためらいを示すものである。

一九四三年五月二十七日、「全国抵抗評議会」の発会式に際してのジャン・ムーランの演説はこの妥協の範囲をよく定義している。「すでに申し述べましたように、この評議会に既成政党の代表者が出席されておりますことは、休戦以前にこれらの政党が機能していたようないわゆるこれまで通りの政党の再建を公式に承認するという意味で即理解されるべきではないのであります。そうではなくして、先程も強調いたしましたように、それは国家行政の連帯と安定を確固たるものにできうる広汎な理念のブロックを建設するためなのであります。」

しかしながら、「全国抵抗評議会」の創設は疑いなく政党の正当性と再誕をしるすものである。多くの抵抗活動家はその後、効率の低下を恐れて政党の数を二つか三つに制限しようとするプロジェクトを作成することになる。彼らが思い描いたのは、共産主義者ではない左派を組織して、人間的社会主義の理想を掲げ、人と仕事の両方を守りうるような一大労働党の結成であった。かくしてここにフランス政界の三党分割案が誕生を見た。

「コンバ」は一九四四年二月に、彼らの希望を次のように要約している。「明日のフランスにも共産党は確実に存在する。そしておそらく保守的な、あるいは〝中道の〟もう一つの党派も。さらにはもう一つの共和派で革命的な大政党も……それが〝レジスタンス党〟ではないかもしれないが、レジスタンス精神を継承する党であるはずだ」。社会主義者たちは暗黙のうちに抵抗運動のつけを支払わされていた。

一九四四年一月に「国民解放運動」（MLN）が生まれた。これは「統一レジスタンス運動」（MUR）とCNRに代表を送っていない北部地域の運動体（「フランス防衛隊」、「ロレーヌ」、「レジスタンス」）を合併した組織である。「国民解放運動」は原則的には、実体のない「レジスタンス中央委員会」(CCR)に属することになっていたが、それでも解放時にはレジスタンス活動家から成る一大政党に変身することを夢見ていた。

## II 諸政党のありさま

### 1 共産党(一九四一年六月〜一九四四年六月)

一九四一年六月、共産党は突如として帝国主義戦争のテーゼを捨て、無条件で反独闘争に突入した。ヒトラーの後方撹乱を各国の共産党に期待するスターリンの意志により過激手段が採用された。P・ジョルジュ=ファビアンによるドイツ軍見習士官射殺(一九四一年八月二十一日)はその象徴的な事件であるが、この方向転換は安易なものではなかった。フランスにおける社会主義の歴史よりも、この数カ月の情勢のなかにも、共産党をして軍事行動を取らせなければならないような要素は何一つ見出せないのである。ドイツ軍の報復は即時にしてすさまじいものであった。一九四一年十月二十二日、シャトーブリアン〔ナント北五〇キロメートル〕における四八名(大半は共産党員)の処刑はその一例である。軍事行動は筋金入りの反ファシストの手にゆだねられた。彼らは往々にしてスペイン内戦での古強者であった。一九四一年十月、Ch・ティヨンがCh・ドバルジュとA・ルクールの補佐を得て、党の特攻班を召集した。「特別部隊」(OS)、「青年大隊」(A・ウズリアス率いる「共産主義青年同盟」の闘士より成る)、「移民労働者部隊」（MOI、J・エプシュテンの率いる移民、ないしはフランスに出稼ぎに来ている外国人共産主義者により編成）。「軍事委員会」（ティヨン、G・エナフ、ウズリアス、J・デュモン、G・ベイエール）が党の指導を補佐した。一九四一年秋には、党は軍事活動にさらに力を注いだ。それによって組合闘争はそっちのけとなり、「国民戦線」すらも暫く放置されて、チトーや毛沢東の路線を思わせる反ファシスト・民族的「労農協力」戦略が優先された。一九四二年初頭、スターリンはモスクワ前面でのドイツ軍の停滞のあとに続く勝利を期待して、さらに武装闘争の拡大を要請した。一九四二年四月、「義勇遊撃隊」（FTP）が組織され、最初のマキに武器供与を行なったが、あっという間に全滅させられた（セーヌ＝エ＝マルヌ県ではル・ベール、ドゥー県はファビアン担当）。一九四二年に共産党が蒙った軍事的敗北は絶望的なもので、党の誇る戦士は数百人単位でたおされた。一九四二年二月の大量検挙では、D・カザノヴァ、G・ポリツェール、A・ダリデ、J・ドクールが犠牲となり、党は壊滅状態に陥った。一九四二年九月には、北方地域の「義勇遊撃隊」隊長Ch・ドバルジュもやられた。一九四二年末には、FTPの幹部は根こそぎいなくなり、司令部は無人となってしまった。そのうえ、破壊活動や暗殺（殺されたドイツ兵は約二〇〇人）といった軍事行動の有効度は取るに足らないものであり、さらに深刻なことは、軍事行動は運動体や自由フランス、住民からも指弾を受けるようになった。一九四〇〜四一年がそうであったように、共産党はとくに労働者階層で孤立してしまう危険にさらされた。

この状態からの打開が見られるのは一九四二年中頃になってからである。四月にラヴァルが復帰して以来、党は「国民戦線」を復活させることになり、それによってペタン元帥のやり方に失望した人びとを吸収することが可能となった。一九四二年六月の「志願労働者派遣」の実施は闘士の犠牲に意義を与えている。ようやくスターリンは、連合軍の助力なしには戦争に勝てないと悟り、一九四二年九月に各国の共産党に広汎な愛国戦線への参加を呼びかけた。フランス共産党はここで戦略上の重要な二者択一を迫られることになる。B・フラションを中心とした労働者中心主義の下部組織が望んでいるように、組織活動家や社会主義者と組んで「人民戦線」のような同盟を結び、これを推進していく戦略がその一つである。あるいは、M・デュクロを代表とする政治局が期待しているように、ブルジョワ勢力や運動体、自由フランスと手をつないで一種の「国民連合」(S・クルトワは「歴史的妥協」と名づけている)の路線を選ぶのがその二である。モスクワの意向に従って選ばれたのは後者であった。共産党は「国民戦線」という手段を通じて党を挙げての強力なキャンペーンを展開し、当面の活動のために革命的要求を引っ込め、運動体やド・ゴールに接近した。だからといって、武力闘争は放棄されたわけではなく、その効果にも明らかな改良が加えられた。一九四三年初めにはルクールが危険を少なくするためのより厳密な行動区分を課している。一九四三年二月にはドイツへの「強制労働徴用」(STO)が「義勇遊撃隊」の兵員を増強し、ストライキを頻発させている。破壊活動の数も目に見えて増加し、M・マヌシアンとJ・エプシュテンはパリの「義勇遊撃隊」や「移民労働者部隊」の活動を都市型の殺人ゲリラの方向へと誘導した(強制労働者徴用本部長フリッツ・ザウケルの駐仏代理J・リッターの暗殺)。しかし、マヌシアン班は一九四三年十一月、敵の手中に落ちる。

ド・ゴール対ジローの対決のときには共産党は慎重な態度をとった。ド・ゴールの力を弱めたいのと、ジローの政治色の無さ(フランス国内のレジスタンスを指揮する意図はないと言明していた)にひかれて、共産党は党代表H・プールタレをジローのもとに送り、「できるだけ広汎な連合」を申し入れた。ド・ゴールの勝利が確実になると、共産党は再び彼のもとに結集したものの、フランス国内のレジスタンスの首位に位置しようと試みていた(F・グルニエとJ・ビユーが「解放評議会」に入るのは一九四四年三月になってからである）。一九四三年中頃から、共産党はレジスタンスに広い範囲で浸透していく。この戦略の柱となったのは「国民戦線」で、共産党は地方委員会の数を増やして、絶えず下部組織を拡大していた。共産党はまた、蜂起の構想を保ちつづけ、「解放評議会」の待機主義を糾弾していたが、それには運動体からの共感が寄せられた。共産党は「全国抵抗評議会」をも思い通りに動かそうとして、当初はド・ゴール派が支配下に入れようとしていた運動体からの助力を受けていた。この同じ運動体が一九四三年夏に彼らの自主独立を取戻そうとすると、共産党は運動体の内部からその乗っ取りを企てたものであった。一番多く用いられた手段は共産党員であることが知られていない幹部の昇任によるものであった。

一九四三年七月、P・エルベが「統一レジスタンス運動」（MUR）の書記長に就任した。「軍事活動委員会」（COMAC）にもP・ヴィヨン、ド・ヴォギュエ、M・クリーゲルを送り込んだ（M・クリーゲルは党員であることを隠していた）。一九四四年五月、COMACの三人はP・ドジュシュー亡きあとの「フランス国内軍」（FFI）の参謀本部の首脳に共産党に近いA・マルレを任命させている。このマルレは今度は、運動体のあいだで輪番制の規定があるにもかかわらず、「フランス国内軍」パリ部隊長に「義勇遊撃隊」大佐のH・ロル＝タンギ[1]をあてている。北方地域では運動体の非共産党系の指導者の大量検挙が共産党に有利に働いている（R・ココアン、G・ヴェディ、A・トゥーニほか逮捕）。P・ベヌーヴィル、C・ブールデ、それに「コンバ」のM・シュヴァンスが去ったのち、「統一レジスタンス運動」の幹部会にはM・デグリアム、M・クリーゲル、そして党に好意的な「南部解放」のP・コポーなどで共産系は大多数を占めることになった。デグリアムはそれをよいことに「解放義勇軍」（CFL）の全国責任者に自分を選ばせている。

（1）ロルはスペイン内戦時の戦友テオ・ロルの名を冠したものである。パリのダンフェール＝ロシュロー広場の地下カタコンブに司令部を置いていた〔訳注〕。

共産党はついに、一九四四年の初めには「愛国民兵団」(MP)を創設している。党はすでに「軍事活動委員会」(COMAC)を牛耳り、「義勇遊撃隊」(FTP)はフランス国内軍(FFI)のなかでも自由な行動が許されており、一九四四年五月には「全国抵抗評議会」(CNR)の支持を得てCOMACをFFIの司令部にするところであった。しかしド・ゴールがこの点についてはは断固として譲らなかった。ロンドンにいるFFI最高司令官ケーニグ将軍だけが指揮権をもっているというのである。解放前の共産党は強固な地盤を築きあげていた。レジスタンス内部に人材を配置し、党主導の蜂起の構想は民衆の支持を受けており、部分的には「フランス国内軍」を統率できるまでに至っていた。権力の奪取は当然の目標といえよう。

## 2 社会党(一九四〇年～一九四四年)

戦争直前にはすでに大きく分裂していた「社会主義労働者インターナショナルフランス支部」(SFIO)――フランス社会党の前身――は、一九四〇年七月十日にペタン元帥への全権委譲に圧倒的多数の賛成票を投じ(投票者は一三二名中九〇名)、姿を消した。Ch・スピナスに代表されるようなヴィシー政権への積極的支持は、さすがに議員や闘士のあいだには少なかったものの、彼らのうちの何人かは――往々にして戦前の反共派や穏便派なのだが――P・フォールに従って国民革命に控えめに参加する道を選んだ(P・フォールは一九四一年に「国民評議会」の議員に挙げられている)。大半の者は政治活動から離れ、生きながらえるだけで満足していた。H・リビエール、D・マイエールなどをはじめとする何人かの闘士は、L・ブルムの支持を得て、社会主義団体の再建に取り組んでいた。彼らの活動は次の三つの前提のうえに成り立っていた。つまりヴィシー政権およびドイツ人への抵抗、フォール派排斥、社会主義者だけから成る抵抗運動の組織に反対することである。国民的団結への希求、後めたさから来る罪の意識などの表現でもあるこの三前提にのっとって、D・マイエール、F・グアン、S・ビュイソン、ランベールらは一九四一年三月、ニームで「社会主義者闘争委員会」(CAS)――「党」ではなく――を設立することになった。六月にはトゥールーズで組織系統も明確となった。D・マイエールが書記長となり南部地域を担当し、H・リビエールは北部での活動を受持った。両地域に地方委が置かれ、南部ではマイエール、グアン、G・ドフェール、A・ローラン、A・トマが、北部ではリビエール、J・テクシエ、F・ヴェルディエ、E・ブロンクールが委員に選出された。

抵抗派の社会主義者の行先はさまざまである。個人の資格で運動体に参加した人が多い。C・ピノー(「北部解放」)、P・ブロソレット(「ノートルダム信徒会」)、V・オリオル(「解放と連邦」)。ロンドンに脱出した者(G・ボリス)。他の団体にわたりをつける者もいる。H・リビエールは一九四〇年末以来、「労働総同盟」(CGT)の組合活動家に接近している。地方で運動体や活動グループを作りあげた人びともいる(ノール県でのJ・ルバ、ブーシュ＝デュ＝ローヌ県でのF・グアン、G・ドフェール)。

一九四二年以来、リオムの裁判の成りゆきと共産党の躍進を前にして社会党の再建には拍車がかかる。「社会主義労働者インターナショナルフランス支部」(SFIO)の連盟規約は旧幹部の徹底的な追放と引きかえに制定された。一九四三年三月、「社会主義者闘争委員会」は「社会党」に姿を変え、各地域の委員会は執行委員会と中央書記局に吸収された。D・マイエールは書記長として残り、P・フロマンは宣伝、S・ブュイソンは共産党対策、ローランは組織そしてA・ル・トロケは「全国抵抗評議会」の代表に選ばれた。

社会主義者たちはド・ゴールの周囲で、ロンドンついでアルジェにおいても、重要な影響力を行使した。ド・ゴールを中心とする運動の民主化を早い時期から期待していたL・ブルムは仲間が自由フランスに接近するよう働きかけていた。一九四〇年以来、彼らは個人の資格でロンドンにやって来ている（H・オーク、G・ボリス、少し遅れてA・フィリップ、P・ブロソレット）。一九四二年四月にはF・グアンはド・ゴールに「社会主義者闘争委員会」の正式の支持を寄せているし、またC・ピノーの来英は戦いの社会的現模についてド・ゴールに考えさせる結果となった。その後も、社会主義者の影響は大きくなるばかりであった。臨時政府ではA・フィリップは労働委員、ついで内務委員にあげられたし、A・ティクシエは自由フランスの駐米大使、さらに社会福祉委員をつとめた。ル・トロケもまた、「フランス解放評議会」の軍事委員、F・グアンは諮問会議々長、P・ブロック、P・ブロソレット、L・ヴァロンらは「中央情報行動局」の要職についている。

フランス国内でも社会主義者はC・ピノーやJ・テクシエの活躍のおかげで「北部解放」において決定的な勢力をかち得た。しかし南部ではあまり輝かしい成果は挙げていない。旧政党を痛罵する「コンバ」はあまりにも右寄りと見なされたし、「義勇兵」もまたあまりにも弱体と思われた。残るは「南部解放」である。このE・ダスティエの運動体には数多くの社会主義者が参加していたし、P・ヴィエノはじめ彼らの多くは指導的立場にあったにもかかわらず、この組織における社会主義者の勢力は「北部解放」のそれにくらべてははなはだ劣っていた。一九四三年以降はさらにその勢力は減少していく、というのも「南部解放」が「コンバ」の指揮下、「統一レジスタンス運動」に合併し、R・オーブラックやP・エルヴェを通じて共産党が運動を統一しはじめたからである。

全体的に見て、社会党と運動体との関係はあまり良好であったとはいえない。M・サドゥーンは社会党が一九四三年初頭に運動体と共産党のあいだで結ばれた戦術上の協定の犠牲になった点を強調している。運動体は社会党の日和見的態度を批判し、――社会党は待機主義に対して好意的な立場にあった――社会党が一大労働党結成の障害になると懸念していた。共産党は人民戦線路線への参加を拒絶し、むしろ社会党をのけ者にすることで自分たちが唯一のレジスタンス党であることを世に示そうとしている。社会党は当初から自力の運動体を結成しなかったことへのつけを払わされ、党の抵抗勢力としての正当性すら審判される立場に置かれる。「全国抵抗評議会」でのどちらかといえば脆弱なその存在の理由もここに見出されるのである。

一九四三年末、運動体が共産党のとてつもない野望を意識しはじめてから事態は急変を見た。以降、運動体はもはや社会主義者を閉めだしたりせず、彼らとともに労働党を建設する意志をかためた。一九四四年初頭には「統一レジスタンス運動」と社会党のあいだで困難な折衝が重ねられている。しかしながら一九四四年春には交渉は暗礁に乗り上げてしまう。社会党はD・マイエールの強力な指揮下にあり、彼がみずから再建した党の統率を失うことを恐れたためや、またとくに彼がマルクス主義および反教権主義イデオロギーに固執して、人格主義の映じた人間的社会主義を取り入れることを拒否したためである。

### 3　キリスト教民主派の誕生

一九四〇年、カトリック教会の上層部がヴィシー政権への支持を表明していた頃、レジスタンスに参加していた数少ないキリスト教徒の大半は「フランス・カトリック青年同盟」（ACJF）、あるいは戦前のキリスト教民主主義系の二つの小団体「人民民主党」（PDP）および「青年共和党」（JR）から出た人たちであった。あらゆる運動体に認められるキリスト教徒の立場からの抵抗――「コンバ」と「フランス防衛隊」にとくに顕著であった――の原点は何よりもまず反ナチズムであった。それは『新時代』、『キリスト者の証言』、『自由』などに掲載された政治記事の核心をなすものであった。ヴィシー体制の強化が彼らの抵抗を政治的に過激なものにしていく。ヴィシーの反ユダヤ政策はこれらのキリスト教徒に衝撃を与え、一九四三年には「強制労働徴用」の実施が広汎な反対を呼びおこす。カトリック上層部でさえもリエナール枢機卿[1]の口を通して信者の非難を反響させる。人格主義とレジスタンス全体の左傾化によって強い影響力を蒙ったキリスト教徒の抵抗運動は徐々にキリスト教的理想と社会主義的理念の融合を期待するようになる。そして多くの人びとがこの革命的願望が強力なキリスト教団体において実現化されることを望むようになる。

(1) リール大司教でもある彼は「強制徴用労働」への忌避に同意する旨の発言をしている(一九四三年三月二十一日、於リール、聖モーリス教会)〔訳注〕。

G・ドリュは一九四三年八月にこの融和の意義と性格を定義している。人権宣言とキリスト教の説く民主主義信奉の双方を両立させるという使命は若者たち、すなわち新しい力に課せられている。宗教政党としての観点を退け、彼は左派にも開かれた強力な運動――「政党であると同時に思想団体」――の創設を切望した。リヨンで、ついでパリで彼は「フランス・カトリック青年同盟」(ACJF)の若い指導層(A・マンドゥーズ、A・コラン、F・モンターニュ、シモネ)を説得した。「総合研究委員会」(CGE)の指導者たち(ド・マントン、P・バスティド、P=H・テートジェン)やリヨンのキリスト教民主系の人びとも同じ傾向の考えを抱いていた。

平行して、キリスト教と民主主義が備えている政治的適応性に気づいたG・ビドーは、CNRの議長の立場を活用して「人民民主党」（PDP）、「カトリック青年同盟」（ACJF）、「キリスト教労働者同盟」（CFTC）らの指導者たち（A・コラン、L・テールノワール、G・テシエ、J・フロリ、R・ビュロン）を集め、彼らに政党建立の考えを広めていった。一九四三年末、ビドーとドリュの会談でこの計画は最終的に確認され、一九四四年一月、解放のための共和派運動体創設が決定された。春にコランとシモネの起草した最初の綱領はまだ「資本主義との断絶」について言及している。一九四四年九月、党は「フランス人民共和派」（MRP）の名乗りを挙げることになる。

## Ⅲ　労働組合

一九四〇年、労働組合運動は未曾有の危機を迎えた。一九三九年九月、多数派の改革主義者が共産主義者の追放を言いだしたとき、労働総同盟（CGT）は解体した。敗戦とペタン体制がさらに新しい亀裂を招いた。CGTの残骸の上に三つの支流が生れた。同業組合主義者、改革主義者、共産主義者である。R・ブラン、G・デュムーラン、フロワドヴァルらの率いる少数派は国民革命に参加して過激な方法で労働組合の活動を改革すると言いだした。一九四〇年七月十四日、ブランは産業・労働省の政務次官に就任、ブランの派閥がCGTの執行部を牛耳り、七月三十日には基本的な規約見直しが票決される。CGTはストライキおよび階級闘争を放棄する。一九四〇年八月十六日、国営企業の組合は禁止になった。一九四一年十月、ブラン考案の「労働憲章」が発布された。そこでは階級間の協力が説かれ、地方別に単一で権限のない、強制加入の組合存続が認められた。

CGTの活動家（A・ガジエ、C・ピノー、R・ラコスト、L・サイヤン、S・ビュイソンら）と「キリスト教労働者同盟」（CFTC）の闘士たち（G・テシエ、M・ブーラドゥー、J・ジルネルドら）はこの逸脱を拒否してCGT書記長L・ジュオーのまわりに結束した。一九四〇年八月二十五日、彼らは秘密裡にセート〔モンペリエ南西二五キロメートル〕で第一回目の会合を催し、組合活動禁止を糾弾する声を挙げた。彼らは「経営・組合研究委員会」（CEES）を創立し、同十一月十五日には「フランス労働組合活動宣言」を発表した。

「宣言」はヴィシー体制を否定しながら、フランス改革主義組合活動の大原則に立ち戻っている。それは組合の独立、国家と組合の峻別、個人の尊重、反資本主義である。

ジュオー一派はレジスタンス勢力への接近も試みている。リヨンでジュオーとビュイソンは「社会主義者活動委員会」（CAS）のメンバーと接触し、一九四一年秋には彼らはE・ダスティエの「南部解放」と同盟を結んでいる。「北部解放」でもやはりCGTの組合員はC・ピノーを中心に影響力を有していた。「キリスト教労働者同盟」と「南部解放」に所属するY・モランダは組合活動家と社会主義者、レジスタンス活動家を近づける重要な役目を果たしている。彼はロンドンに行ったあともこれらの人びとを自由フランスに結集させるのに力を尽している。

「労働憲章」の公布──「経営・組合研究委員会」（CEES）に糾弾された──や弾圧政策（ジュオーは一九四一年十二月には自宅軟禁となり、一九四三年三月に強制収容所送りとなっている）、それにドイツへの労働者移送は改革主義組合活動家のレジスタンス参加を促進した。一九四二年五月一日、ジャン・ムーランとY・モランダは「労働総同盟」と「キリスト教労働者同盟」の活動家を集め「フランス労働者運動」（MOF）を創設した。MOFは志願労働者派遣反対闘争を展開し、一九四二年秋の大規模なストライキでは積極的な役割を演じた。同じ頃、「コンバ」はM・デグリアムの指導のもとに、社会的権利の要求と愛国的活動を連結させる目的で「労働者行動隊」（AO）を組織している。MOFはCGTの改革主義者とキリスト教徒の組合活動家の団体の上に全組合の再統一を目指す独創的な解決案を提示している。

一九三九年九月、CGT内の旧「統一労働総同盟」（CGTU）系の組合員追放ののち、B・フラションは非合法の「人民委員会」に共産党系の組合活動家を再結集させた。帝国主義戦争弾該の一環としてこの委員会はまず最初はダラディエ政府、ついでペタン政権に抗するゲリラ活動を展開した。共産党自身が手痛い弾圧を蒙っていたために、この活動も一九四〇年末まではきわめて微弱なものでしかなかった（第一章参照）。一九四〇年十二月、共産党系組合活動家は『労働者生活』を復刊させている。一九四一年初になると、彼らの活動は一段の広がりを見せ、最初の成功を収めることになる。一九四一年一月〜三月にかけての「給料闘争」、一九四一年六月ノール県での鉱夫のストライキなどである。同時にブラン派の裏切者[1]や改革主義者に対する攻撃も頻発し、激しいものとなった。一九四一年六月のソ連への侵略が闘争の意味を変えてしまった。以後は、反独直接行動が最優先されることになる。活動はストライキ、怠業、破壊活動を通じて、さらに一九四二年からはドイツ行きのボイコットを通じての遊撃戦法を取るようになる。

（1）たとえばその代表であるルネ・ブランは郵政労組書記長（一九三〇年）、CGT副書記長（一九三五年）であったが一九四〇年にはダルランの要請でヴィシー政権の労働大臣に就いている〔訳注〕。

直接行動を優先させたため、一九四二年には本来の社会的闘争は放置されたままであった。その収支はすぐに明らかとなった。報復は容赦なく、労働者層はためらいがちとなり、結局党は大衆から孤立してしまう危険にさらされた。一九四二年秋のリヨンにおけるドイツへの志願労働者派遣に反対する大ストライキはその間の事情をよく物語っている。共産党の闘士はこの大ストライキの準備にも指導にも関与できなかった。一九四二年末、共産党は直接行動と社会闘争の割合の是正をはかることとなる。それ以来、共産党は組合闘争を党の直接行動の戦略をはかる要石《かなめ》としている。一九四四年春には、党は各工場に「愛国民兵」を配置し、彼らがゼネストが発令されると同時に全国蜂起を呼びかける手筈であった。

共産党のもう一つの目標は「労働総同盟」(CGT)の再統一であった。共産党と改革主義者の最初の接触は一九四一年五月にさかのぼり、そのときにはC・ピノー、P・ヌーメイエール、A・ローラン(ジュオー派)がパリで共産党のM・ラングロワ、ボンタンと会談した。一九四二年九月のL・ジュオーとP・セマールの会見以来、新しい段階が始まった。両者はCGTの再建、「労働憲章」の否認、給与改善で一致を見た。しかし、大きな不一致点も残っていた。暴力を伴う直接行動を是認する共産党のやり方に改革主義者はおそれを抱いていた。とはいっても労働組合の世界でもレジスタンスの大規模な統一の動きを無視するわけにはいかなかった。一九四三年四月十七日、「ペリュー協定」——改革主義者を代表してL・サイヤン、R・ボトロー、共産党の代表H・レノーおよびA・トレ——の調印でCGTの再統一が実現した。再統一の基本となったのは分裂以前の力関係であり、ジュオー派に有利であった。しかし再統一は順調にすすんだわけではない。たとえば、郵政省関係の組合連合の改革主義派の指導者たちは一九三九年時点で多数を占めていた共産党の活動家に座を譲ることを拒否しているのである。しかも派閥はそのまま残っていた。さらに、一九四四年初頭にCGTと「キリスト教労働者同盟」の協調を目指して両者の連合委員会を創設したにもかかわらず、また、一九四四年七月、蜂起に向けてストライキを共同で呼びかけたにもかかわらず、再統合の動きはCGTの外には及ぶことはなかった。キリスト教組合活動家は、みずからの独自性を失うことを恐れて、距離を置き、G・テシエを議長とする「キリスト教労働者レジスタンス委員会」を設置した。共産党主導下によるCGTの再統一の実現は、「フランス労働者運動」(MOF)による改革主義者とキリスト教労働者の統合の試みの失敗を意味するものである。

# 第六章　闘争の形態

## I　地下出版物

宣伝活動は長いあいだレジスタンスの主力武器であった。敗戦の拒否を呼びかける最初のビラは一九四〇年夏以来ばらまかれている。J・ミシュレがブリヴ〔ブリーヴ県〕で六月十七日にレジスタンスへの呼びかけを行なうと、サン＝テティエンヌ〔ロワール県〕で同じくコシェ将軍が檄をとばした。北部占領地域ではやはり同種のビラが「自由フランス人」（C・アヴリーヌ、J・カスー、P・アブラアム）によってまかれ、ほかにもJ・アルテュイが『フランス人への手紙』を起草している。たちまちのうちに、より継続的な活動、つまり定期刊行物の発行が必要となった。C・ベランジェ〔参考文献参照〕によれば、レジスタンス側の最初の新聞は『パンタグリュエル』で、R・デイスによって一九四〇年十月にパリで配付されている。ほぼ同じ時期に『自由フランス』（創刊直後に『アルク』と改名）がJ・コレアールによって発刊されている。一九四〇年十一月以来、地下出版の新聞はフランスのいたるところで見られるようになる。リールでは社会主義者のA・ローラン、J・ルバによる『自由人』、マルセイユではキリスト教民主系のF・ド・マントン、P＝H・テートジェンによる『自由』、ストラスブールではC・シュネーデルの『アルザス』（創刊号、一九四〇年十一月十一日）。

抵抗運動が発展していくにつれて、ますます有力で多岐にわたる地下出版物が生まれていく。『コンバ』、『義勇兵』、『解放』、『OCM手帖』、『抵抗』、『フランス防衛隊』のような発行部数の多い定期刊行物は運動体の名称であるとともに政治的旗手の役割も果たしていた。政党も同じく地下出版に頼っていた。共産党は一九三九年十月から一九四四年八月まで非合法の『ユマニテ』を三一七号発行したし、社会党は一九四二年五月に『民衆』を復刊させている。

一九四二年からは、安全と効果の両方からの配慮で運動体や政党は地方での出版を増やすことになる。『ユマニテ』は県別に十数種類の版を出しており、ときには紙名も変更している(たとえばマルセイユでは『ルージュ・ミディ』)。これに倣って社会党の『民衆』も地方版化を促進している(『バ＝ラングドック版民衆』、『ミディ版民衆』)。数多くの地方委員会を有する国民戦線はたくさんの地方紙を生みだした(『自由ピカルディー』、『ニースの愛国者』、『自由シャンパーニュ』、『ラ・マルセイエーズ』、『自由東部』)。代表的な運動体は各々地方出版物を出している(「コンバ」は一九四四年には五種の刊行物を出した)。

レジスタンス時代の出版物は政党や運動体によるものに限られてはいない。占領の四年間にはおどろくほどの地下出版の開花が見られるのである。知識階級や、芸術家のあいだから無数の著作が生みだされている。一九四一年には共産党のJ・ドクールとG・ポリツェールが『自由思想』で先鞭をつけた。国民戦線と全国作家協会の後押しを受けて一九四一年九月に『フランス文芸』と改名されたこの定期刊行物にはM＝P・フーシェ、J・ゲエノ、J＝P・サルトル、P・エリュアール、L・アラゴン、E・トリオレ、J・カスーらが協力している。『ユーパリノス41』、『フランス映画』、『フランス演劇』にはレジスタンス芸術のもう一つの顔が見られる。いわゆる地下出版物とは少しおもむきを異にするものとしては、ヴェルコール事J・ブリュレルとP・ド・レスキュルの創始した『深夜叢書』がある。ヴェルコール『海の沈黙』、アラゴン『グレヴァン博物館』、モーリャック『黒い手帖』などはこの叢書で非合法に発刊された。

教員たちも非合法下でその組合を再建するにつけ、数多くの出版物を刊行するようになる。ここでもまた、共産党が先駆を切る。一九四〇年の『自由大学』を始めとして、『非宗教学校』を出した国民戦線と組んで刺激剤の役割を果たす。非合法下の「全国教員組合」は『学校と自由』を出すが、これは一九四四年初頭には『解放学校』となる。一方、「フランス教育連盟」は『非宗教活動』を刊行する。労働界ではさらに広汎な出版活動が見られ、各同業組合は最低一種類の刊行物を有していた。国民戦線はその刊行物に職業別の名前を冠していた。『大地』、『警察の名誉』、『自由法曹』、『パリの主婦』、『フランスの医師』である。組合のほうも遅れをとっていない。共産党は地下出版で『労働者生活』を二三〇号まで印刷したし、他方では『フランスの労働運動』(一九四四年、『労働者のレジスタンス』となる)と『組合員大衆』が組織を支えていた。

情報収集に関しては連携への努力は不可欠であった。自由フランスは定期的に本国にパンフレット類やさまざまな資料(含写真)をマイクロフィルムにおさめた『情報通信』を送っていた。一九四二年以来、G・ビドーの率いる「情報報道局」(第四章参照)は『戦うフランス公報』と『一般広報』を通じてロンドンの情報を流していた。これは本職の新聞記者である、『ラ・モンターニュ』紙のA・ソージェや『プログレ』紙のP・コルヴァルの建策によるものである。「情報報道局」はあまりにも政治的にロンドン寄りであると判断した「統一レジスタンス運動」(MUR)のほうでは、一九四三年に「情報資料センター」(CID)を設立して『MUR内部公報』を発行した。戦争末期には組織の統一の要請が高まり、一九四三年十一月には活動を連携させるために「全国地下出版連盟」が創立された。「情報報道局」と「情報資料センター」は合併して「情報資料局」となった。一方、代表部のほうではアルジェの情報機関と連繫して『青書《カイエ・ブルー》』のなかにフランスの新聞報道の再生に際して考慮されるべき処置を書きとめている。

印刷および配付に伴う具体的な困難は枚挙に暇《いとま》がない。最初は印刷は手仕事であった。初期のレジスタンス活動家にとって機械による印刷は望むべくもなく、彼らはタイプで原稿を打ち、それを謄写版刷りしていた。しかし、すぐに機械印刷の必要に迫られることになる。なかにはその場しのぎの方法（たとえばR・ブリュガールは『ヴァルミ』をおもちゃの印刷機で刷っていた）や「フランス防衛隊」のように決定的な解決法を採用したグループもあるが、――最初ソルボンヌの地下で印刷していたものの、技術的な能力にすぐれていたため、オーベルヴィリエ（パリ北郊）の納屋のなかに秘密の印刷所を作った――多くの場合印刷の問題を解決するためには印刷業者の助力を仰ぐのが普通であった。そのため印刷業者は往々にして彼らの加担に対し高いつけを払うこととなる。リヨンではH・シュヴァリエ、J・マルティネ、E・ポンス（強制収容所で没）たちが『コンバ』、『キリスト教徒の証言』、『義勇兵』を刷っていた。パリでは P・ヴィロルが『レジスタンス』と『OCM手帖』の組み版を引き受けていた。

『コンバ』では組み版工場は地方に散在させ、印刷は独自の担当部門（責任者A・ボリエ）と同志の印刷業者に委託していた。パリでは、M・サンニエの弟子であるE・アモーリが彼の率いる「リール通りの仲間」とともに文字通りのレジスタンスの中央印刷所を運営していた。アモーリのグループはいろいろな場所に拠点を置き、――そのなかには自動車専門誌『ロート』の印刷所もあった――「軍民統一戦線」、「国民戦線」、「レジスタンス」、「深夜叢書」のために見事な出来具合の定期刊行物や作品を刷りあげた。

本印刷になると発行部数も劇的な増加を遂げた。『コンバ』の例はおどろくに価する。一九四〇年、フルネの最初の『情報・宣伝雑誌』は一八部であったが、一九四二年には四万部となり、さらに一九四四年には三〇万部に達している。共産党の非合法『ユマニテ』の発行部数は全体で五〇〇万部に上るし、『フランス防衛隊』のような「弱小紙」も一九四四年で二〇万部、最多の年には四〇万部刷ったという。必要物資の調達にはとてつもない努力が必要であった。『コンバ』一紙だけの需要でも、一九四四年には月三トンの紙が要る。販売禁止となっている新聞紙を手に入れるためにはあらゆる手段が動員された。A・ボリエは偽商店を開設してドイツに紙の発注をしている。一番よく使われた方法は、——力ずくか共犯者の協力かは別として——ヴィシーの配給所からの横流しと偽会社を通じての水増し注文によるものである。残るは配付という微妙な仕事である。当初、発行部数の少ない時代には郵便受けに入れたり、切手を貼って送付したりする手仕事でも間に合った。やがてもっと入念に工夫したやり方を取らざるをえなくなる。運動体のいくつかには新聞配付を専門にするチームすら編成されていた。最も有効な方法——しかし危険度は高い——は理解ある鉄道員の協力を得て鉄道便で送るやり方である。

非合法の新聞はやがて戦前の合法的な新聞の場合よりも細かい網目をフランス中に巡らすことになる。R&P・ルー＝フーイエ[(1)]は国立図書館に納まっている新聞を調査しただけで一〇一六種以上の新聞を挙げている。この現象は、レジスタンスは暴力的な示威行動であったものの、同時に大々的な民衆の「発言」の機会でもあったことを如実に示している。

(1) 巻末参考文献2参照〔訳注〕。

## II　地下組織網（レゾー）

「運動体」と対置して「地下組織」がよく用いられることがある。前者は情報宣伝を担当する政治的機構で、後者は直接行動をもっぱらにする組織と解釈されている。しかしこのような区別は少なくとも机上のものといえよう。というのも大半の運動体は軍事部門を擁していたし、またすべての地下組織は情報網をめぐらしていたからである。地下組織の特殊性は運動体とのあいだの見当違いな区別によって生じるのではなく、その任務とはすなわち、連絡、逃亡、情報である。地下組織はレジスタンスの全体像のなかでもよくわかっていない部分であるとともにレジスタンスの核ともいうべき存在である。戦争末期には少なくとも二六六の地下組織が確認されており、エキストラを除いても常時数千人の活動家を有していた。彼らが連合軍に提供した援助、なかんずく情報関係のそれは格別に貴重なものであった。

フランスに最初に地下組織網を作ったのはイギリス人であった。一九四〇年夏、チャーチルは情報局とは別に占領地におけるドイツ軍の弱体化を目的とする「特別作戦本部」（ＳＯＥ）を設立した。フランスにおけるＳＯＥの長にはバックマスター少佐が任命された。

ＳＯＥと情報局は彼ら独自の要員を使った。要員の大半を占めていたのはポーランド人（ポーランド人情報将校は一九四〇年地下組織「ファミーユ」を編成、これはのちにＦ１、Ｆ２になる）およびフランス人であった。後者から成る地下組織には、Ｇ・ルストノ＝ラコ、Ｌ・フェ、Ｍ＝Ｍ・フルカドの「アリアンス」[1]、Ｐ・ベヌヴィルの「カルト」、Ｐ・ド・ヴォメクールの「オートジロ」[2]、などがある。

（1）女性の長をもった数少ない地下組織である。一九四一年夏、マリ＝マドレーヌ・フルカド（仇名はりねずみ）は逮捕されたジョルジュ・ルストノ＝ラコのあとを継ぎ「ナヴァール」改め「アリアンス」の指揮をとった。英SOEに属し、各種要員三〇〇〇人を擁した（うち犠牲者四三八名）〔訳注〕。

（2）BBCが暗号に用いていたヴェルレーヌの一節「秋の日のヴィオロンの……」は、よくレジスタンス組織全体への呼びかけのように誤解されているが、実はヴォメクールのグループにのみ向けられたものである〔訳注〕。

一九四一年三月、「サヴァンナ」と名づけられた工作隊がフランスにおけるSOEの最初の作戦を実施した。資材や要員の不足のため最初のうちは地味な活動であったが、徐々に規模を拡大していった。パラシュートによる降下、ついでライサンダー機による離着陸がたび重ねられた。合計三九三名のイギリス人要員がフランスに送られた（うち一一〇名は逮捕された）。SOEは武器降下にもたずさわり、最初は組織の要員に、ついで自由フランスの活動家に、さらにマキへの武器供与も行なっている。H・ミシェル〔国立第二次大戦史室長〕によると八六〇〇回のコンテナ投下が実施され、そのうちの六一三回は一九四四年四月の一カ月間に集中しているという。SOEは結局、合計すると約五〇に及ぶ逃走組織と情報網を傘下に収めることとなる。

アメリカが地下組織網に参加するのはずっとあとのことである。一九四三年、彼らはロンドンに「戦略事務局」（OSS）――CIAの前身――を置く。イギリスの場合と同じく、アメリカも要員（計二七五名）をパラシュートで降下させ、地下組織（Hi‐Hi、Ho‐Ho、Aj‐Aj、Na‐Na、Ya‐Ya……）を運営し、武器を投下した（一九四四年夏、ヴェルコールのマキに向けられた武器の大半はアメリカ側からの供与によるものである）。一九四四年一月、アメリカとイギリスの地下組織は「特設本営」（SFHQ）に統合された。一九四四年七月、むずかしい折衝ののちにこれらはロンドンの「中央情報行動局」（BCRA）に組み入れられ、「フランス国内軍」（FFI）の最高司令官ケーニグの指揮下に置かれた。

ソ連がフランスに配置した地下組織は数の上では少ないが、そのなかには高度な諜報機関として知られた、有名な「赤いオーケストラ」が含まれている。

自由フランスの直接行動部隊である「中央情報行動局」(BCRA) は一九四〇年以来フランス本国に地下組織網を築きあげ、それを統制するのにとりかかった。

一九四〇年七月二十日、マンション中尉のパラシュート降下で作戦は開始された。もう少しあとの一九四〇年末には、レミが北部地域を縦横に訪ねまわった末に「ノートルダム信徒会」(CND) という見事な情報網を作りあげた。レミは占領地でL・ド・ラ・バルドニやフリューレのようなすでに地下組織の創設に経験のある人材を集めた。南部地域ではP・フルコーがG・ルストノ＝ラコやマルセイユの社会党員と連絡をつけていた。彼らは皆、状況を把握し、組織を作り、要員を探すことから始めねばならなかった。かくして、一九四一年三月、R・アラテルヌは大西洋でのドイツ艦隊を監視する役割を持つ組織「アラー」を作った。ロンドンとの通信が一番むずかしい問題であった。最初のうちは、フランスに降下した要員はスペインやスイスを経由しての陸路の逃走路を利用してもう一度ロンドンに戻らねばならなかった。旅程は長く、危険も大きいため、フランス国内での着離陸が必要と思われた。一九四一年五月、フルコーが最初の着陸を試みた。「中央情報行動局」(BCRA) は「特別作戦本部」(SOE) と連繋して、作戦に適した土地の調査を目的とする班を編成した。一九四一年六月のミッチェル中尉の班「ブリック」はその一例である。一九四二年、南部地域での「降下着陸局」(SAP) や北部の「航空作戦局」(BOA、一九四三年) の創設によってBCRAはきわめて有効な通信手段を備えることになる。

「中央情報行動局」は最終的にはフランス本土に数多くの連絡、逃亡、情報用の地下組織網をめぐらすことになる。「ノートルダム信徒会」(CND)、J・カヴァイエスの創設した「コオール」、C・ピノーによる「ファランクス」などが著名である。地下組織は連合軍の上陸に先立つさまざまな破壊活動に積極的に参加している（第九章参照）。おもだった運動体や政党もやはり地下組織を編成していた。社会主義者たちの「ブルータス」[1]、国民戦線の「ファナ」、「抵抗者」は「テュルマ」を擁していた。

（1）マルセイユを中心に社会党関係者を中心に約一〇〇〇名参加。一九四〇年九月、自由フランスより仏国内での情報網設置の任を帯びたピエール・フルコーが創設。一九四一年夏、ピエール逮捕後、弟ボリス継承。一九四三年、ボリスの助手アンドレ・ボワイエ（MURの中心人物）継承。同年十二月、アンドレ逮捕ののちは彼の助手ガストン・ドフェールが終戦まで活動継承した〔訳注〕。

連合国側の機関によるフランス人の採用を「中央情報行動局」はけっして好ましく思っていなかったし、最後までフランス国内のレジスタンス勢力を従えたいと願っていたイギリス、アメリカとのあいだには、そのために無数の紛争が生じている。自由フランスと連合国とのあいだの競合は、政治的であると同時に財政的なものであった。「特別作戦本部」と関係の深かったP・ド・ヴォメクール〔SOEのフランス支局長〕は冷静に、自分に便宜を計ってくれる人びとと闘っているのだと、その間の事情を説明している。ド・ゴール将軍の権威を認めているレジスタンス活動家の側からしても、イギリスやアメリカから物資や金銭を受け取りたいという誘惑は強かったのである。かくして一九四三年初頭、「統一レジスタンス運動」では、ジャン・ムーランが予算の半減を通告してきたのちの財政上の危機に直面して、真剣にアメリカに頼ることを考えざるをえなくなった。スイスでアメリカ側との接触をお膳立てしたのは、彼自身も地下組織「カルト」に属していたことのあるP・ベヌヴィルである。この「アメリカ・ルート」を断ち切るのには「中央情報行動局」とジャン・ムーランからの強固な働きかけが必要であった。

逃走の手助けを専門にしている地下組織は連合国の飛行士の後送、「正体のばれた」活動家の脱出、あるいはロンドンに連れて行かねばならない人物の運搬を担当していた。主要な二つのルートはスイス行きと、ピレネー越えでスペインに出る路線であった。ピレネ越えは危険なうえにくたくたに疲れる行路で、脱出者は一〇〇キロメートルにも及ぶ道を徒歩で二、三日間で踏破しなければならなかった。ベルギー人女性アンドレ・ド・ジョングによって一九四〇年に作られた地下組織「コメット」はフランスの北方からスペインに向かう逃走路をひらいた最初の組織の一つである。徐々に地下組織は数を増やしていく。「中央情報行動局」（BCRA）が作ったものにはフランスの酒類の名前がつけられた。ペルノー、コワントロー、ベネディクティヌ、ボルドー、ブルゴーニュ……イギリス側には、フランソワーズ、フェリクス、コーンウォリス、シャルトル、ジャン＝ジャック、ヌヴェール……などがあった。海路を使っての脱出網も考案された。「特別作戦本部」は「シェルバーン」（英仏海峡）と「パット」（ラングドック沿岸）の二つの地下組織をもっていた。

情報を司った地下組織はレジスタンス史のなかでも最も重要な位置を占めている。この最初のものがポーランド人の組織「ファミーユ」である。この組織は他の多くのものから模倣されている。イギリスと密接な関係の「アリアンス」、「カルト」、「中央情報行動局」の「ノートルダム信徒会」、「フラトリ」、「ミトリダト」、「マルコ・ポーロ」、「ネスレ」、「アンドロメダ」、「エレクトル」、「トロエーヌ」……運動体附属の「テュルマ」、「マニピュル」。ロンドンに送られた情報もきわめて多岐にわたっている。なかには戦略上大変な重要性をもつものもある。「アリアンス」のメンバーである技師J・ストスコフはブルターニュのロリアン港の潜水艦基地に関するすべての情報をもたらしたし、またもう一人の技師R・ケレールはベルリンとフランスにいるドイツ軍の司令部とつないでいる「郵便電信電話局」（PTT）の分岐回線から受信することに成功した。一九四四年、地下組織は連合軍に「大西洋の壁」に関する非常に正確な情報を提供している。部隊の移動、艦隊の運航、軍事施設の建築といったありふれた情報は枚挙の暇なく記録されている。「中央情報行動局」は、軍事的であると同じく政治的任務を帯びているので、フランス人の政治的意向を知るための本格的な調査活動も指揮している。

諜報活動に従事する地下組織は実に複雑な構成となっており、その細分化は最優先事項であった。地下組織の「本局」はロンドンとの連絡、司令部、その他事務的なあるいはお役所仕事を一手にこなしていた（タイプ、マイクロフィルム撮影、証明書偽造、暗号解読、資金調達）。情報収集係、ロンドンとの連絡係、無線通信係等はこの「本局」の指示のもとに行動していた。

情報の通信はまさにさし迫った問題であった。各地下組織には「ピアニスト」の異名で知られる無線通信士がいた。しかし、無線通信では地図を送ったり、詳しい報告をしたりできないので、これだけでは不充分であった。しかも情報量は増えつづける一方であった。レミーによると「中央情報行動局」（BCRA）が受け取った通信の量は一九四二年初めの月五〇頁から一年後には一〇〇〇頁に増加しているという。ますます、航空便の使用と資料のマイクロフィルム化が必要となった。そのうえ、無線通信には多大な危険がつきまとった。連続して一〇分以上の発信は「ピアニスト」が探知される危険があった。「ノートルダム信徒会」はじめ数多くの地下組織がそのために壊滅させられた。この点への配慮からBCRAは一九四三年、いくつかの地下組織からの情報を集積し、送信するための「総局」を設立するに至った。たとえば「コリニ総局」は「ノートルダム信徒会」、「サンテュリー」（「OCM」）の通信を一手に引き受けていた。一九四二年には通信だけを専門に担当する地下組織が作られた。リヨンの「白樺《ブーロー》」、クレルモン＝フェランの「カクトゥス」、トゥールーズの「エラーブル」などがそれである。

ドイツ側の弾圧は地下組織が果たした仕事に張り合うものであった。一九四三年には「ノートルダム信徒会」、「パルシファル」、「マルコ・ポーロ」がゲシュタポによって消滅させられている。一九四四年には、「エレクトル」、「ヴェルミヨン」もやられた。H・ミシェルによると地下組織の犠牲者は計八二三〇名、さらに同程度の人数が強制収容所に送られたとしている。全レジスタンス活動のなかでも地下組織での人的損失が相対的に最も多いといえる。

## Ⅲ 「秘密部隊」(AS)から「フランス国内軍」(FFI)へ

### 1 武装勢力の統合と指揮系列

レジスタンス内部の武装勢力の統一は一九四二年初頭に始まる。この時期には二つの勢力が突出していた。「コンバ」の「秘密部隊」(AS)はあなどりがたい存在で、よく訓練され、決起の日には直ちに戦闘能力を発揮できる二万の強兵を擁していた。「コンバ」はそれ以外にも当面の行動のためにJ・ルヌーヴァン率いる「遊撃班」をもっていた。もう一つの武装勢力は共産系の「義勇遊撃隊」(FTP)で、一九四二年にはドイツ軍に大勢の死者を出すゲリラ戦を仕掛けている。さらにこの二勢力より弱体ながら、南北両地域に軍隊式の組織が存在した。南部地域では「解放」、「義勇兵」の行動隊とマルセイユの社会主義者のグループ「ヴェニ」があった。北部地域では「軍民統一戦線」、「解放者」、「抵抗者」、それに「ロレーヌ」の部隊が挙げられる。

一九四二年十二月に「休戦監視軍」が解散すると、かなりの数の将校が最後の参謀長となったヴェルノ将軍の指揮下に秘密部隊を形成した。最初は「内地軍組織」（ＯＭＡ）を名乗り、一九四四年初めに「軍抵抗組織」（ＯＲＡ）と改称した。当初はフレール、ヴェルノ両将軍が統率したが――一九四三年三月と九月に二人が各々逮捕されたので――ルヴェール将軍が指揮をとることになった。入隊者は急速に増え、一九四三年初めの七〇〇〇人から一九四四年春には六万八〇〇〇人（うち武装兵二万）を数えている。一九四二年十一月にフランスにいた現役将校一万一〇〇〇人（「休戦監視軍」勤務ないしは休戦のため除隊）のうち、四〇〇〇人がレジスタンス側に参加している。ＯＲＡはスペイン経由でフランス領北アフリカへ将校を脱出させるための地下組織を作っている。これらの将校はまた、アルプス山中でのＪ・ヴァレット＝ドジアのマキを武装させたり、南西部でＡ・ポミエスの「特攻隊」のような正真の部隊を育てている。ＯＲＡの将兵はみずからをアフリカ軍の前衛、つまり命令一下行動する政治色をもたぬ軍人と見なしていた。隠しておいた武器をドイツ軍に引渡したとしてヴィシーの軍人を非難するレジスタンス活動家とのあいだに激しい衝突がおこることも少なくなかった。どちらかというとジロー将軍寄りのＯＲＡの幹部にとっては、レジスタンスの政治色は不快であったし、彼らの望む即時行動は自殺行為に思えた。一九四四年初頭にＯＲＡは全面的にレジスタンスの兵力となるが、彼らの疑惑と不信はそのまま残っていく。

一九四二年秋、南部地域の三大運動体の武装勢力は「統一レジスタンス運動」の「秘密部隊」（ＡＳ－ＭＵＲ）に統合され、その長にド・ゴールはドレストラン将軍をつける。統一参謀本部が設けられ、運動体の幹部、「コンバ」のＥ・モランと「解放」のＲ・オーブラックが就任する。しかしながら、「遊撃班」、「マキ」（ジェローム事ミシェル・ブロー）、「労働者行動隊」（フーシェ事マルセル・デグリアム、クリーゲル＝ヴァルリモン）らは「秘密部隊」に加盟せず、「統一レジスタンス運動」の直接指導下に留まった。一九四三年六月の時点で、戦闘能力をもつ「秘密部隊」の兵員は八万と見なされている。「コンバ」の軍事組織に倣って、隔絶された六名を一組とし、さらにそれを三〇組まとめて一隊としている。北部地域では武装勢力の統一はずっとむずかしかったが、その理由はある程度まで共産党の独走ぶりにある。「北部秘密部隊」は編成されたものの、その参謀本部――ようやく一九四三年頃に成立――が現実にそぐわない教条主義的命令を出したからである。そのうえ、「義勇遊撃隊」(FTP)はその兵員を「秘密部隊」に参加させるのを拒否していたし、レジスタンス活動家は相変わらず「軍抵抗組織」(ORA)に不信の目をむけていたのである。

「遊撃班」、一九四三年末には「国鉄組織工作部」(NAP‐FER)、さらに一九四四年一月に「マキ」もデグリアムとクリーゲル――ともに共産党に近い――の指揮下に入る。これを機に「統一レジスタンス運動」のこの部門――以後、各種工場や鉄道での破壊活動に関するすべての作戦を統括することになる――は「労働者行動隊」(AO)から「即時行動隊」(AI)へと名を改める。一九四四年一月、「南部秘密部隊」(AS‐SUD)、「北部秘密部隊」(AS‐NORD)、そして「即時行動隊」は連合して、指揮権の一本化を断行する。そして一九四四年四月には、「解放義勇軍」(CFL)を名乗る。このように真に統一された「秘密部隊」を統括するために、「全国抵抗評議会」(CNR)は「軍事活動委員会」(COMAC)を創設、その委員にはド・ヴォギュエ(「抵抗者」)、クリーゲル(「統一レジスタンス運動」)、ヴィヨン(「国民戦線」)が任命された。そしてついに一九四四年二月一日の「フランス解放評議会」(CFLN)の法令で、統一された「秘密部隊」、「義勇遊撃隊」、「軍抵抗組織」は「フランス国内軍」(FFI)に編入される。同時に、「全国抵抗評議会」はフランス国内軍の参謀本部(EM‐FFI)をパリに設置し、これを「軍事活動委員会」のもとに置く。EM‐FFIはP・ドジュシュー(変名ポンカラル)が長をつとめたが、一九四四年五月に彼が逮捕されると、A・マルレ（変名ジョワンヴィル）が後継した。

同じ頃、ロンドンとアルジェでも組織の統一に関してむずかしい問題が出来していた。ド・ゴール系の諜報機関「中央情報行動局」（BCRA）とジロー系のそれの合体をめぐる件である。ジロー将軍は、フランス領北アフリカですでに軍による諜報機関を編成し直し、それをロナン将軍にゆだね、リヴェ、パイヨル両大佐を補佐につけていた。ジローは自派の機関とあまりにも政治的色彩が強すぎると思われるBCRAとの合併には反対であった。一方、ド・ゴール派はフランス国内でのレジスタンス活動の特異性にかんがみ、政治的であると同時に軍事的であらねばならないBCRAの性格を弁護していた。この争いなども当時の権力闘争の一面にしかすぎないものである。ジローは諜報活動は軍の仕事であるとするテーゼを自分の権限下にだけ諜報機関を維持しておきたいために、かたくなに守ろうとしていたのである。結局ド・ゴールは彼の見識に従って統合を強引に進めた。

一九四三年十一月十七日付けの政令により、諜報機関の全体は「特殊任務統合本部」（DGSS）に一本化された。J・スーステルが長となり、パシとセルヴェが補佐した。DGSSは「ロンドン情報行動局」（BRAL）と「アルジェ情報行動局」（BRAA）の二局に別れていた。

前者を率いるのはA・マニュエル、後者の長はA・プラボンである。とはいっても一九四四年四月のジロー将軍の全面的引退までは統合は不完全な形でしかなかった。その他にも、一九四四年一月二十一日の法令で、「占領地域での作戦行動を任務とする」「国内軍事活動委員会」（COMIDAC）も誕生した。ド・ゴールを議長として各主要大臣、参謀本部長（一九四四年四月まではジロー将軍、ついでジュアン将軍）、国防次官ビヨット将軍、およびJ・スーステルから成る。

一九四三年六月六日、ドレストラン将軍の逮捕後「フランス解放評議会」は秘密部隊の配置を検分させるため、マルシャル大佐とL＝E・マンジャンを大急ぎでフランスに送った。マルシャル大佐はたちまちゲシュタポに逮捕され、自決して果てた。ド・ゴールはこのとき、二人の地域担当軍事委員（DMZ）、北部にはL＝E・マンジャン（エリ大佐が後継）そして南部はM・ブルジェス＝モーヌリ、を指名した。二人は一二人の地方軍事委員（DMR）の任命とフランス国内軍地方参謀本部の設置を受持つことになっていた。ずっとあとになって、一九四四年三月十日、全国軍事委員（DMN）の役職がつくられ、シャバン＝デルマス将軍が就任した。DMNは臨時政府代表の軍事上の補佐役となる。

一九四四年四月、上陸作戦を真近に控えてケーニグ将軍がロンドンのフランス国内軍事活動委員会（COMIDAC）の軍事委員およびフランス国内軍（FFI）の領袖に指名された。ケーニグ将軍はまた、同盟国の最高司令官との連繫を保つのに努力しなければならなかった。一九四四年七月、やっとの思いで連合国の地下組織や、連合国のために働いているグループのすべて（「特別作戦本部」（SOE）のバックマスター機関や「アリアンス」グループのような）を彼の指揮下につけることに成功した。平行してコシェ将軍が南部作戦地域の長に任命された。

全体的には、二重の命令系統ができあがったことになる。「フランス解放評議会」は「フランス国内軍」の参謀本部をロンドン（ケーニグ）に、そして軍事委員（DMN、DMZ、DMR）をフランス国内に配置した。一方、「全国抵抗評議会」は独自の「フランス国内軍」参謀本部（P・ドジュシュー）と政治統制機関「軍事活動委員会」（COMAC）を設置している。

## 2 「決起派」と「待機派」

一斉蜂起というものの性格をどう捉えるかという基本的な考え方の差異が、アルジェにいるフランス人と国内でレジスタンス活動をしている人びとのあいだにきわめて深刻な対立を呼びおこしていた。図式的にいえば、即時行動派（レジスタンス活動家およびフランス共産党）と待機派（「フランス解放評議会」と「軍抵抗組織」）の対立となる。

待機派にいわせると、連合軍の援助なしにドイツ国防軍の精鋭を挑発するなどとは、危険極まりない無分別だ、というわけである。彼らは行動開始の日に備えてレジスタンス軍の力を温存すべきで、当座は連合軍の上陸を目標にしながら秩序正しく、連合軍の戦略方向に沿って彼らの行動は破壊活動などに制限すべきであると考えている。一方、決起派の人びとは、反対に、兵力を集結しておいて戦闘で鍛えもせず無為のままに放置しておくのは理にかなわないだけではなく、所詮無理な話だと主張するのである。とくにマキに参加している何千という若者をどうすればよいというのだろうか。連合軍の上陸以前のゲリラ戦こそが確実な軍事的成果をもたらし、ドイツ軍の士気をくじくのに役立つといいはるのである。

このような軍事的見解の裏では、政治的下心が見え見えである。レジスタンス勢力と共産党は、革命的な展望のもとに、フランスの解放と全国民基盤の蜂起を同時に現出させたがっていた。それによって連合軍の前進は容易になり、ヴィシー政府はあと形もなくなり、レジスタンス側の切望するところを大胆に「フランス解放評議会」に突きつけることもできるのである。この蜂起に必要となるのは、「県別解放委員会」（CDL）の至上権、民衆の武装、ゼネスト、そして何よりもレジスタンス勢力の軍事的自治権である（「軍事活動委員会」（COMAC）は「フランス国内軍」（FFI）の最高権力機関となる）。即時行動のみがこの全国的蜂起をもたらすことができるのである。ド・ゴールと「フランス解放評議会」はまったく種類の異なる二つの暗礁のあいだを航海していた。つまり彼らはまず、レジスタンスのもつ力の有効性に疑問を抱いている連合国を説得する必要があった。それと同時に、まさにこの連合国が、イタリアでやったように、フランスでも軍政を敷くことのないように注意を払う必要があった。しかも無政府状態を避け、「フランス解放評議会」による権力の奪取を容易ならしめるために、レジスタンス勢力と共産党の革命的激しさを抑制する必要があった。

紛争のたねは指揮権の問題に集中していた。一九四三年五月二十一日付のド・ゴールからの指令に基づき、ドレストラン将軍が秘密軍の戦闘態勢を整え、連合軍の上陸以後は彼がそれを指揮するはずになっていた。将軍の逮捕とそれに引き続いた主要な補佐役の逮捕――E・モラン、H・オーブリ、R・オーブラックはジャン・ムーランとともに逮捕された――によって「中央情報行動局」は指揮権の広汎な地方分散のほうを重視するようになった。なかんずくパシとブロソレットは秘密部隊の最高命令がロンドンから発令され、戦場においては権限を大きく分散させて「地方軍事委員会」（DMR）に主導権を委ねることを期待していた。ド・ゴールもこの意見に賛同した。秘密部隊の長にはドレストラン将軍の代りは置かず、「地域軍事委員」（DMZ）が「地方軍事委員」を配置することによって地方への分散化を促進するべきである。さらに「全国軍事委員」（DMN）は「フランス国内軍」（FFI）の最高司令官ではなく、レジスタンス勢力と「地方軍事委員」の調停役である、というのである。これに対してフランス国内から作戦指揮を取りたがっているレジスタンス運動体、共産党、「全国抵抗評議会」（CNR）は反対の見解を抱いていた。「統一レジスタンス運動」（MUR）はドレストラン将軍なきあと、秘密部隊の司令部を手中に置いており、将軍の逮捕をよいことにその権威回復をはかっているように思えた。この司令部は「軍事活動委員会」（COMAC）によって強化され、「全国抵抗評議会」にとっては「フランス国内軍」の正真の司令部となっていた。「特殊任務統合本部」（DGSS）はこの中央集権化への逆行に不安を感じ、この「フランス国内軍参謀本部」（EM-FFI）と「軍事活動委員会」の廃止に尽力した。J・

シャバン＝デルマスとJ・バンジャンは、国内のレジスタンス活動家と国外の対独抵抗運動家とのあいだの決裂を恐れて仲裁のための努力を重ねた。一九四四年五月十三日、彼らは「全国抵抗評議会」から、「組織の集中化」（連合軍の上陸以前）と「指揮権の分散化」（行動予定日以後）の区分を示した文書を受取った。

連合軍の上陸後、争いが再燃した。一九四四年初めより共産党がレジスタンスの組織にその力を拡げていくにつれて、各々の姿勢が先鋭化していった（第五章参照）。六月には、「軍事活動委員会」が「フランス国内軍」の実質的指揮権を要求した。しかも、上陸作戦以前の時期ではなく戦闘期間中を含めてである。「軍事活動委員会」と五月十三日の調停の文言を守っていたケーニグ将軍とのあいだではげしい衝突がおこった。またもや問題の解決を付託された「全国抵抗評議会」は八月十七日、実に巧妙に作成された文案を採択した。それによると、「軍事活動委員会」の権威を肯定し、その権威を六月六日以後の時機にまで引き伸ばして認めながら、同時にケーニグ将軍の戦略的命令の優先権をも承認するというものである。ド・ゴールは我慢できなくなって、彼の権威がパリに確立されるやいなや非常手段に訴えた。一九四四年八月二十八日、彼は「フランス国内軍参謀本部」およびすべての地方司令部を解体して、国内軍を正規軍のなかに合併させるのを急いだ。レジスタンスの統一と団結をおびやかした、このきわめて深刻な対立はそうすることによって解決された。「軍事活動委員会」が要求したような、フランスから出される集中指令は不可能であった。実際、地方軍事委員会だけがケーニグ将軍や連合軍の司令官との無線連絡の方法を備えていた（ド・ゴールは「全国抵抗評議会」に無線装置を引き渡すのにつねに反対していた）。そのうえ、パラシュートによる降下事業（「降下・着陸局」（SAP）と「航空作戦局」（BOA））もまた、地方軍事委員会の権限下に置かれていた。このような条件下では、「フランス国内軍司令部」も「軍事活動委員会」も彼らが指揮したがっている部隊と連絡を保つことは不可能であるし、彼らの指揮能力もパリ周辺に限られていた。地方では、「フランス国内軍」の地方指揮官が地方軍事委員あるいは連合軍が近くにいる場合には連合軍の命令に従っていた。

### 3 闘争形態の多様性

歴史家が「レジスタンス」ということばをその暴力的一面だけに当てはめて用いなくなってから久しい。政治的、文化的、精神的なレジスタンスや対独協力拒否者や地下組織活動家への直接、間接的援助といったようなものも、この「レジスタンス」という漠然としたものの、まったく別個のものではありながら緊密につながった関係にある諸相を構成している。ゆえに、たとえば、プロテスタントの難民支援団体「CIMADE」[1]のように、ヴィシーの収容所に入れられていた何千人もの外国人に救いの手を差しのべたさまざまな組織の活動はレジスタンスと同一視することができるのである。対独協力拒否者の何人かはさらに一歩踏み込んで、「行動に移る」こととなる。境界線や国境通過はまさに完全な「活動」そのものであった。イギリス人飛行士やロンドンの要員、あるいは危険にさらされているレジスタンス活動家などの国外脱出の手助けをすることだからである。「コメット」、「ヴィク」、「ブルゴーニュ」などこの分野を専門とする地下グループがあった。「軍抵抗組織」（ORA）のために少なくとも一万人以上の人びとを南部地域に脱出させることに成功したF・ヴァルネ、P・ケフレールなどにその栄誉が与えられるべきである。空からの作戦には有志の一群が必要であった。「航空作戦局」（BOA）や「降下・着陸局」（SAP）のチームは経験豊かな「バレー一座」を編成するに至る。

（1）一九三九年、パリで創設されたアルザス、ロレーヌからの難民救援組織であったが、一九四〇年五月よりはマドレーヌ・バロの指揮のもとヴィシー政権下での人種政策犠牲者の救援に当たった。この組織はいまも難民救援活動を続けている〔訳注〕。

着陸は新月から二週間目あるいは三週間目に決行される。「ライサンダー」と呼ばれる小型飛行機が間にあわせの飛行場に降りる。すると一〇人ばかりの受入れチームがその務めを果たす。到着者と出発者はお互いに顔を合わせないですれ違い、乗客を隠しておくためにもかなりの数の協力者が必要となる。

破壊活動も大々的に実行された。最も人目を引く作戦のなかでも、一九四三年九月に行なわれた「統一レジスタンス運動」のあるチームによるシャロン＝シュール＝ソーヌ〔マルヌ県〕の電力工場の爆破はよく知られている。「義勇遊撃隊」（FTP）はドイツのために働いている産業に対してこれらの作戦を系統的に実施していった。連合軍の上陸に際しては、広汎な一連の破壊活動がドイツ軍の連絡と連繫を不可能にした。劇的な逃亡もいくつも企てられている。一九四三年十月、リュシー・オーブラックはリヨンで「統一レジスタンス運動」の責任者一四名を釈放させるのに成功している。ドイツ軍将兵に対する個人的襲撃は一九四一年夏の共産党員のそれに始まる。この行為はレジスタンス活動家のあいだにいささか物議をかもし、ド・ゴールはレジスタンスがドイツ兵を殺傷するに至ることは正当化しながらも、このときの共産党員の行動を非としている。「統一レジスタンス運動」に属しているJ・ルヌーヴァンの遊撃班は対独協力派への襲撃――「ケルメス」「慈善バザー」と呼ばれた――を企てている。レスピナス検事が一九四三年十二月に襲われたのはその一例である。遊撃班は幹部の護衛役も果たしている。「義勇遊撃隊」ではヴァルミ中隊が共産党幹部のボディーガードをつとめ、裏切者の始末を担当していた。一九四三年からはマキの戦士は即時行動に踏みきり、ドイツ国防軍に対しても本格的なゲリラ作戦を展開しはじめた。レジスタンス活動家の圧倒的多数は「決起主義」に傾いていたように思える。彼らの決起をとどめているものがあるとすれば、それはロンドンからの指令に従っていたためか、あるいは――

この場合が圧倒的に多いと思うが——武器の不足によるものである。

## Ⅳ　マキ

一九四三年二月、「対独協力強制労働」（STO）が実施されると、ドイツに向けて出発するよりそれを忌避して「マキ（森林）に入る」青年がおびただしい数にのぼった。厳密にいえば、最初のマキは一九四三年一月にオート＝サヴォワ県でアヌシーの徴用忌避者によって建設された。実をいうと戦士を田舎に隠遁するのは共産党がもうすでにやっているのである（G・ガングァンは一九四一年にリムーザン地方で、P・ファビアンは一九四二年にドゥー県で）。

「マキ」の出現とそれに伴う急激な兵員の増加はレジスタンスの機構に重大な変化をもたらした。フルネはこの問題の重要さに気づいた最初の一人である。一九四三年四月の注目すべき報告書のなかで、彼は徴用忌避者を戦士に仕立て、地域の住民とのあいだに良好な関係を築く必要を強調している。マキは同様に「統一レジスタンス運動」に対しても、彼らが軍事的に役立てうることができるものを再検討する機会を与えてくれた。一九四三年四月、「統一レジスタンス運動」は、「マキ担当課[1]」（SNM）を新設、M・ブローにこれを托した。ブローの助手にはG・ルバテとR・スーラジュ（マキ幹部学校を組織）が任命された。一九四三年夏には「レジスタンス中央委員会」（CCR）は同じく「強制移送反対闘争委員会」（CAD）を設立した。CADははじめY・ファルジュが指導したが、やがて「全国抵抗評議会」のもとに位置づけられるようになった。CADの役割は徴用忌避者に偽造証明書を交付して彼らのドイツ行きを阻止することにあった。この計画は未曾有の成功をおさめ、労働監督局の暗黙の了解のもとに約五〇万枚の偽の身分証明書を印刷することになった。

（1）SNMは年末には全国に展開。マキ参加者は約五万人を数える。連合軍の上陸にそなえてマキはASに編入されることになる〔訳注〕。

SNMとCADは全国的な縦の機関であり、お互いライバル関係にはあったが大幅な自主性を保っていた。このような状況には強硬な反論が投げかけられた。ジャン・ムーランは「統一レジスタンス運動」が完全に自分たちの統制下に置くための「第二秘密部隊」を形成するのにマキを利用していると非難した。「秘密部隊」の指導者のほうは、「横線重視」と即時行動に基づく戦略を推し進めることになる。一九四三年十月、彼らは各地方で「秘密部隊」の司令官は「統一レジスタンス運動」の地方委員会の統制下で、マキを含むレジスタンス勢力の全体を指揮するよう命じた。一九四三年十月にブローがルバテと交代するとマキの自治は糾弾されることになる。一九四四年三月、「マキ担当課」（SNM）は補給担当の任務に格下げられて「フランス国内軍」司令部の下に置かれる。そして四月に「解放義勇軍」が創設されると、SNMは完全に消滅する。このような形での問題の終結は、全体的な見解が武力闘争を向いており、また、レジスタンスにおける政治的指導者は軍事的勢力に対して主導権を握る意志をかためていたことをしめしている。

マキは目覚しい増加をとげる。一九四三年末には、ダスティエにいわせると、南部地域で三万人、北部で一万人を数えた。この成長ぶりはけっして一本調子なものではなかった。一九四三年夏の最初の「ピーク」は、STOの創設、アフリカにおける枢軸国の降服、年内に期待された連合軍のフランス上陸といった要因と結びついているが、その後志願者は突然一九四三年末に激減し、一九四四年春にもう一度増加に転ずる。一九四三〜四年に結成されたマキについてその全貌を紹介することはとてもできるものではない。最もよく知られたものだけを挙げておこう。アン県（指導者H・ロマン＝プティ）、グリエール高原（T・モレル）、ヴェルコール山地（F・ユエ）、モン＝ムーシェ〔コレーズ県東端〕（E・クーロドン）、リムーザン地方（G・ガングァン）、そしてモルビアン県のサン＝マルセルのマキも有名である。

マキには二つの対照的なタイプがあるとよくいわれるが、「秘密部隊」と「義勇遊撃隊」のそれとはその両極端といえよう。

「秘密部隊」や「軍抵抗組織」に属するマキには職業軍人の幹部が多く、また比較的大型の部隊編成（ときには五〇〇名以上）で行動していたが、そこでは軍隊式の外観を保ちながら、決起予定日に向けての軍事行動の準備が行なわれていた。したがって、ヴェルコール山地ではユエ司令官は厳格な軍規を敷き、命令違反者には懲罰が加えられた。それとは反対に、他の多くのマキの首領（たとえばロマン＝プティ）は軍隊式作法などは毎日の生活においては無視していた。もちろん彼らも戦闘においては鉄の規律を課しており、利敵行為者や略奪兵は厳しく処刑された。

「義勇遊撃隊」のマキは少人数編成が特色となっていた。一拠点に一〇〇名以上集結することはなかった。その他の特色としてはゲリラ戦をもっぱらとして正規戦を忌避していたし、住民のあいだに根をおろせるようにと細心の注意を払っていたことが挙げられる。最初のうちは農民がマキを援助する。やがて彼らがマキになるのである。共産党のスローガンにはその点への配慮がうたわれている。「大衆の支持なくして蜂起なし」。だから、一九四四年の夏には「義勇遊撃隊」のマキ隊員たちが襲撃の合い間に農民の収獲を手伝っているわけである。しかし、二種類のマキの違いを先入観でもって絶対視するべきではなく、「秘密部隊」のマキの多くも少人数で編成されていたし、少なくとも一九四四年には彼らはゲリラ攻撃をも敢行している。

補給は重要問題であった。食糧と衣料に関しては、マキの人びとは市役所の書記や食糧省の役人の協力や地方の住民の好意に頼っていた。しかし需要は供給よりもはるかにまさっており、マキはみずからの力を頼りにして――狩りは往々にして新鮮な肉類を提供する――、ときにはヴィシーの施設（衣料なら青年の心身鍛錬所「青年の家」）や有力な対独協力者に対して襲撃をかけねばならなかった。マキのなかには、たとえば「アルマニャック大隊」のように、専門の補給部隊を編成したところもある。アルジェから運んできた資金がパラシュートで降下されるにもかかわらず、金銭はいちじるしく欠乏していた。

一九四三年末には「マキ担当課」は毎日七〇〇万フランを受納していた。ちなみに、ヴェルコール山地のマキの必要経費だけでもおよそ三〇〇万フランにのぼり、全体の必要経費は二五〇〇万フランに達していた。したがって金策の手段もさまざまであった。アルジェで発行される国債は「代表部」の財務委員会によってフランスに運ばれ、支払いの方法として盛んに利用された。ときには、単なる徴発用の金券が押し付けられたり、あるいは手っ取り早い解決法としていくつかのマキは銀行や税務署を襲っている。ロマン＝プティの率いるマキはフランス銀行のサン＝クロード支店〔ジュラ県〕を襲い、一億フランを奪った。解放を間近に控える頃になると、風向きが変わったと見た銀行家の何人かは気前よく資金をばらまいたり、自分たちの銀行でのアルジェ国債による投資を認めている。

武器の問題はなおさら深刻であった。というのもド・ゴールと連合軍がマキの有効性について長いあいだ疑問視して、マキに対して不信の念を抱いていたからである。彼らからの武器の引き渡しははるかに需要を下まわり、有志全体を武装させることはできなかった。平均して四人か五人の戦士に対して時代遅れのピストル一丁であった。一番苦労の多かった一九四三年がすぎると、翌年はじめにはパラシュートによる降下物資がその量を増した。ところが、今度は分配の問題が生じてきた。連合国側が自分たちと密接な関係をもつマキ集団を優先させる傾向があった以外にも、パラシュートによる武器投下が必ずしも効果的に行なわれていなかったのも事実である。H・ノゲールによると一九四四年二月には、グリエールのマキには武器はあり余っていたが――投下された武器をすべて回収するだけの人員がいなかった――「義勇遊撃隊」では武器が欠乏していた。彼らがイギリス軍への完全な戦略面における従属と引きかえでの武器供与申出を断固退けたからである。全般的には「義勇遊撃隊」は永久に武器供与の対象から忘れ去られてしまったと不平を訴えているが、多くの場合その慷慨は当然である。上陸作戦前夜、ジェッドバーグ使節団(1)(英、米、仏の三人の将校より成る)はマキの指導のためにパラシュートで降下している。

(1) 一九四四年六月~九月のあいだ、英米仏の三国軍人より成るチーム(計九三組)がフランス、オランダに降下して、レジスタンス勢力と連合軍最高司令部、正規軍のあいだの連繋を図った〔訳注〕。

あえて軍事行動に出たマキは多くの場合手痛い犠牲を払っている。一九四三年七月、イタリア軍はオート=サヴォワ県のマキを掃討しているし、同年秋にはコレーズ県のマキはドイツ軍に粉砕された。一九四四年二月~三月、オート=サヴォワのグリエールのマキ(1)は武装親衛隊とミリスの攻撃にさらされついえた。反面、ロマン=プティ率いるアン県のマキはドイツ軍に痛撃を与えている。

(1) 一九四四年二月、独軍の攻撃。三月初、包囲作戦中、マキ指揮官テオドーズ・モレル中尉、裏切りにより死。モーリス・アンジョ大尉指揮継承。三月二十六日、独軍総攻撃。三月二十七日、マキ全滅〔訳注〕。

解放の直前になっても、マキの役割に関してもうひとつはっきりしないところがそのまま残されていた。国内レジスタンスの意見には耳をかさず、ド・ゴールの機関はややもすると待機主義に好意的であった。それでもフランス国内に「フランス解放評議会」（CFLN）の設置を準備するためと称して、いくつかの大規模な動員可能なマキの編成が指令された（J・スーステルとP・ビヨットによる「モンタニャール」、「カイマン」計画がそれである）。かくして、モン＝ムーシェとショード＝ゼギュ地方〔カンタル県の温泉町〕では、約六〇〇〇名のマキ兵士――パラシュートで降下された五トンの武器のおかげで全員武装して――がE・クーロドンの命のもとに動員された。その結果は悲劇的に終わった。六月十日、ドイツ軍の攻撃を受けマキは大損害を蒙った。ヴェルコール山地でも仮借ない敗北に終わり、四〇〇〇のマキは空軍の支援のないまま一九四四年七月末にドイツ軍によって多大の戦死者を出すに至った。連合軍の最高司令部もやはりよく似た判断を下していた。上陸作戦に際し、総司令官アイゼンハワーは全マキに対して一斉蜂起の指令を出した。戦闘が行なわれるであろう地域からはるかに離れた場所にいるマキを含めた全集団に対してである。指令の狙いはフランス全土を混乱させ、ドイツ側に上陸作戦は唯の牽制作戦にすぎないと信じ込ませようとするものであったが、その結果は散々なものであった。とくに南東部では、マキの指導者たちは上陸作戦が目前に迫っていると信じて蜂起を指令し、多大の犠牲を出した。ジュークス＝アン＝プロヴァンス北東二五キロメートル〕では「軍抵抗組織」のマキ団長レキュイエは部下四〇〇名を失っている。このような結果を前にケーニグ将軍は六月十日、ゲリラ活動を停止するよう命令を発したものの――ヴェルコールを除いて――その一方で「軍事活動委員会」（COMAC）は蜂起の強化をうながすという正反対の指令を出しているという有様であった。小規模なマキによる撹乱行為や破壊活動のほうが大規模に動員されたマキの攻撃よりも全体としてはずっと有効であったことが明らかになっている。

# 第七章　レジスタンスに参加した人びと

## Ⅰ　少数なれど多彩

レジスタンスに参加した人びとはどのような人たちだったのだろうか。E・ダスティエ・ド・ラ・ヴィジュリはレジスタンス活動家を社会、職業、家族とのつながりの薄い、体制から落ちこぼれた人のように書いている。かなりロマン主義的傾向の強いこのイメージはこんにちでは誤りといわねばならない。大多数のレジスタンス参加者は普通の市民、通常の社会人であった。初期のレジスタンス活動家を見てもそれは明らかである。H・フルネ、M・シュヴァンス、A・トゥーニは職業軍人、G・ビドーはジャーナリスト、R・クルタン、ド・マントン、A・コスト＝フロレ、J・カヴァイエスは教授、B・ヴィルデ、A・レヴィツキは研究者、M・リポシュは技師、J・ヌートゥールは官吏であった。著名な政治家や組合運動の指揮者もまたかなりの数にのぼった。

H・アムールー〔フランス学士会会員〕はアンドル県の強制収容所抑留経験者一四一七名から得たアンケート調査の結果に基づいて次のような類型を示している。人種が原因で抑留された一八パーセントを除くと、聖職者〇・七パーセント、教員一・八パーセント、自由業四・七パーセント、軍人・憲兵六・五パーセント、商工業主五・五パーセント、大学生・高校生七パーセント、会社員一〇・八パーセント、官吏

（含郵便局、国鉄）一四パーセント、労働者二〇パーセント、農民一一パーセント、となる。この数字は社会における各職業グループが占めている割合に一致している（ただし農民は数値が低い）。M・グラネが強調しているように、底辺の活動家の大半が属している庶民階級は幹部のなかには数少ない。「コンバ」の指導者五一六人のうち、三六パーセントは自由業、大学教員であるが、労働者はかろうじて一一パーセントにしかすぎない。運動体はたしかな人的つながりから仲間を募る傾向があったので、「フランス防衛隊」の場合などは学生が圧倒的に多かった。「自由フランス軍」の志願兵のなかからは、労働者、大ブルジョワジーの数字が高すぎ、反対に農民層の数字は少なすぎる。

少数とはいえ女性参加者も見られるがC・ルヴィス＝トゥーゼ〔パリ市立ジャン・ムーラン記念館館長〕が指摘しているように、レジスタンス内部にも一九三〇年代のフランス社会における性別による不平等がうかがえる。女性は普通、台所仕事でなければ附随的な役割（タイピスト、連絡係）しか与えられていない。全国的な指導者のなかには女性は一人もいないし、一九四四年に作成された知事候補リストのなかにも女性の名は見出せない。地下組織「アリアンス」を率いたマリ＝マドレーヌ・フルカドは例外中の例外である。「フランス解放勲章」の保持者一〇五七名のなかに女性は六名を数えるのみである。

捕虜と脱走捕虜は自主活動への強い願望を抱いていた。彼らは互助センターを結成し、ドイツに残っている仲間に内容を偽った小包を送りつづけた。一九四三年以降は二つの大組織が誕生した。M・ピノー、F・ミッテランの率いる「全国戦争捕虜連合」（RNPG）、と国民戦線に属する「戦争捕虜全国委員会」（CNPG）である。この二団体は一九四四年三月に合併して「全国戦争捕虜、抑留者団体」（MNPGD）となる。

少数の信仰者たちもまた、組織を作っている。ヴィシーの反ユダヤ人政策に衝撃を受けたプロテスタントの人びとは「CIMADE」を結成した。南部地域ではこの組織はマドレーヌ・バロに率いられて、P・シャイエ神父の「キリスト教友愛会」と協力してユダヤ人の子供たちを隠し、保護するのに尽力した。大方のフランス人にはユダヤ人社会は大半何も行動をおこさないでいたように見えたであろうが、何人かのユダヤ人は活発なレジスタンス活動を展開している。D・クヌー、A・ポロンスキ、J・ジェフロワキンは「ユダヤ軍」を創設し、住民の保護から武装闘争へと進んでいった。タルン県ではユダヤ教徒の組織「斥候」の分遣隊が一九四三年にユダヤ人マキを作っている。

共産党内部ではユダヤ人は「義勇遊撃隊」の「移民労働者部隊」に多くいた。ドイツ人の地下グループ「トラヴァイユ」は占領部隊への情宣活動を行なう危険を犯している。

一九四三年以来、「対独協力強制徴用」(STO)の発令によって、レジスタンスへの参加者は目立って増え、年少者の割合は一段と増加した。一見したところフランス社会をその各階層に至るまで代表しているように見えるレジスタンスも所詮少数派にしかすぎなかった。一九四二年十一月以前にレジスタンスに参加していた活動分子は三万人を上まわることはなかったであろう。しかし、一九四四年夏にはその数は約四五万人、つまり成人人口の二パーセントに増加する。地下出版物の読者を考慮に入れると、全体でその支援者は二〇〇万に達する。ただしこの数字は注意深く扱う必要がある。一九四四年一月以前には活動家は五万から六万を越えることはなかったのだから、この数字は、ときには過大評価といえるし、同時に公務員のかくれみのを着ている「合法的」同調者や、地下活動家をかくまったり、支援したりした無名の協力者を数のなかに加えていない場合には過小評価といわざるをえないのである。M・グラネは、正規のメンバーが二五〇〇名しかいない「フランス防衛隊」には少なくとも三万人の支持者がいたことを立証している。

政治的な見解から見てもあまりにも多様性が大きいので、レジスタンスを階級的事象としてとらえようとするC・ブールデの説に従うのは無理である。一見左翼勢力がレジスタンス活動家の大多数を占めるように見えても、あるいは共産党が「七万五〇〇〇人の銃殺者を出した党」と自己宣伝をしても――この数字はドイツ軍に銃殺された人びと全体をはるかにうわまわる――右翼の人びと、さらに極右の人たちまで参加しているのである。たとえば、P・ベヌヴィル、J・ルヌーヴァン、そしてE・ミシュレさえも――キリスト教民主党に方向転換する前には――王党派の行動隊（カムロ・デュ・ロウ）に所属していたし、「義勇兵」のG・ヴァロワや「ノートルダム信徒会」のL・ド・ラ・バルドニは右翼の「アクション・フランセーズ」、「アリアンス」のG・ルストノ＝ラコは極右の「カグール団」、J・アルテュイはやはりファシスト団体「フェソ」で活動していた。ド・マントンやG・ビドーのまわりに結集していたキリスト教民主主系の人びとの存在も重要なものであった。少なくとも、一九四二年頃まではレジスタンス運動体における政治的色分けは比較的あやふやであったように思える。志願者はかなり偶発的な出会いによって、自分と出くわした運動体や地下組織に参加しており、その際その団体の政治的傾向などはあまり気にしていなかったようである。ある運動体に所属していることはその組織が機関誌で表明している政治的見解を全面的に受け入れることを意味するのではなかったのである。「コンバ」の場合でも、戦前は右派のカトリックであるH・フルネは改革派のプロテスタントであるB・アルブレクトと協調しているし、のちにはM・デグリアムのような左翼の人びとと手をたずさえている。あらゆる傾向の思想の持主である男女の連帯を一番強固に築きあげたのは国民戦線であったといえよう。

## II　地下活動家と支援者

積極的なレジスタンス活動に参加するということはすなわち地下生活に入るということである。多くの束縛、危険、罠を覚悟しなければならないこの地下生活は大半のレジスタンス参加者には未知の世界であった。初期の犠牲のほとんどは基本的な注意事項を守らなかったために生じたといえる。よく挙げられる例はルーベで『第四共和制』をドイツ軍司令部の隣の部屋で発行していたJ・ルバの仲間たちの場合である。まず最初に必要なのは素性をかくすことである。口髭、あご髭、変装用眼鏡の使用は常識であり、頻繁に偽名を更新することも不可欠であった。警察官や市役所職員の協力は大変貴重で、彼らの協力があれば本物同然の偽証明書の作成が可能であった。最も賢明な方法は場合によって検査されたときにも充分耐えうる内容を選択することである。たとえば、出身地の項目には大都市よりも田舎の村を選んだり、一九四二年十一月以降であればフランス領北アフリカ、一九四三年九月以降であればコルシカと記載する等々である。[1] 地下活動家はまるで肌着をかえるように新しい素性に適応していかなければならなかった。代表的な運動体や地下組織はやがて偽証明書の作成を専門にするチームを各々編成することになる。「強制移送反対闘争委員会」（CAD）はこの分野で群を抜いていた。ここには各市役所、県庁および他の官庁の偽造印が完全に揃っていた。この委員会の偽装担当者は異常といえるほどの細心さをもって公印の偽造に励んだ（「国立印刷所」の *l* 文字に薄く水平に横棒が入っているのを見逃さなかったのは有名な話である）。偽の身分証明書を一人分作るには写真を付したありとあらゆる種類の証明書が必要であった。職業証明書、身分証明書、食糧切符、国鉄割引証、有権者カード、在郷軍人会々員証などなど。住居を転々とかえることも基本的な鉄則の一つである。しかし金銭的余裕がなければそれも容易ではない。ここでもまた、周囲の環境に溶け込んでいる必要があった。H・ノゲールが書いているように、共産主義者のCh・ティヨンもシュヴルーズ〔パリ西南郊〕のブルジョワ街に身をひそめた一九四二年から四四年にかけては必ず教会のミサに参列していたということである。活動拠点（印刷、会合、暗号解読、無線）は頻繁に移動しなければならなかったし、闘士が一人逮捕されると直ちに移転せざるをえなかった。しかしながら一九四四年においてすら、大多数の活動家が強いられていたのはまだ半地下生活の段階であったことも事実である。

（1）コルシカは一九四三年九月九日、ノルマンディへの連合軍上陸の八カ月以前に島のレジスタンス勢力とアルジェから来たフランス人のみの救援部隊の力でイタリア軍からの解放を勝ちとった〔訳注〕。

愛国的闘争のなかに完全にひたっている人びとの神話に与《くみ》するのではなく、レジスタンスは地下活動家の闘いだけではなく「合法的」な同調者の協力の上にも成り立っていたことを忘れることはできない。ベルジュロ姉妹のように地下活動家を匿まった人びともいれば「ヴィルヴュー」〔ジュラ県西部〕の奥方たち」のように「統一レジスタンス運動」の度重なる会合のためにフランシュ＝コンテの家を提供した人びともいる。自分たちの職業を生かして直接的な支援をもたらした医師、弁護士、公務員、警官もいる。鉄道員は貨車の運行を乱すための「行先表示板闘争」や破壊活動を通じて重要な役割を演じた。郵便局員――なかでも「労働総同盟」系の――はドイツからの通信を監視したし、E・ドボーマルシェ、E・プリュヴォ、S・ミシェル＝レヴィらは「ノートルダム信徒会」や「軍民統一戦線」と連繫して「郵政省参謀本部」を組織した。

公務員に期待されるところは多かった。逮捕者の予定を前もって知らせることもできるし、強制徴用の邪魔をしたり、ときが来れば権力の奪取をやりやすくもできた。「コンバ」は一九四二年に「行政機関組織工作隊」(NAP)を創設し、C・ブールデの指揮下に置いた。「統一レジスタンス運動」内にはM・ネグル率いる、中央官庁にくい込んだ「上級NAP」も設置された。一九四四年には知事のなかにも二股をかける者(たとえばコレーズ県のP・トルイエ)も現われ、ヴィシーは知事一四人を逮捕、さまざまな弾圧を行なった。

正規の職業をかくれみのにしている人びともいる。H・ノゲールはこのような「かくれレジスタンス」の数多い例を紹介している。P・ブールトゥーミュはトゥールーズのおだやかな薬剤師であると同時に「ヴェニ」グループの地方責任者であったし、F・ロンバックはトゥールの憲兵隊長であるがレジスタンス活動家に手錠をかけて彼の公用車に乗せ、境界線を通過させていた。

何にもまして先立つものは資金であった。初期の活動家は自腹を切るしか方法がなかった。フルネは大変な苦労の末、一九四〇年には同調者たちからようやく一万四〇〇〇フランを集めた。一九四一年初に、気前のよい寄附者が五万フランを提供してくれた。それでもとても足りない金額だった。ド・ゴールが望んだレジスタンスの統一には財政問題も含まれていた。ジャン・ムーランは、その最初の任務以来「中央情報行動局」の資金分配をはたしている。かくして「コンバ」は一九四二年一月には二五万フラン、一九四三年二月には五〇〇万フランを受領している。以後、ロンドンの代表部はその財務委員会を通じて分配の任に当たっている。J・スーステルは一九四四年に分配された資金の総額は五〇億フランにのぼると推定している(フランスにおける占領下の一〇日分の経費に相当)。このような努力にもかかわらず、資金はつねに欠乏していた(一九四三年、警官の給料は三五〇〇フラン、中流家庭の月収に相当)。しかも、その分配方法は武器の場合と同様、共産党の怒りを招いていた（「統一レジスタンス運動」が月額一〇〇〇万フラン受け取っていた一九四三年中頃、共産党には四～五〇〇万フランしか分配されなかった）。「フランス解放評議会」はこの増大する要求に応えようとして、アルジェで「国防債券」を発行し、これを財務委員会がレジスタンス組織に分配した。レジスタンス側はそれを疑心暗鬼の銀行家のもとに持込み、現金化することになっていた。

## Ⅲ　摘発、脱落、死

ドイツ側からの弾圧の中心的役割を果たした機関は軍と党の双方にあり、ともに親衛隊（SS）と密接な関係をもっていた。国防軍には防諜部――地下組織「エトワール」を壊滅させたのはここに所属していたブライヒャー曹長である――、保安部、野戦憲兵隊があった。カルテンブルンナー（国家保安本部（RSHA）長官）率いるナチ党所属の機関は、秘密情報機関（SD）、公安警察（SIPO）、刑事警察を意のままに動かしていた。悪名高い「国家秘密警察《ゲシュタポ》」もその一つで、代表的幹部としてはK・バルビ（リヨン）、F・ドーゼ（ボルドー）、K・オーベルク（パリ）が挙げられる。一九四二年夏には、すべての秘密情報組織の統制はオーベルク将軍の管下で親衛隊に預けられた。イタリア人は彼らの「反ファシスト検束秘密警察」（OVRA）を操っていた。

ヴィシー政権も自己の弾圧機構をいちじるしく強化していた。内務大臣P・ピュシューは「ユダヤ問題担当警察」（PQG）と「特別班」（BS）を新設した。後者は悪名を馳せたF・ダビド警視が率いたことで知られている。一九四一年夏以来、共産党による襲撃事件が始まると、弾圧はさらに度を増した。一九四一年八月十四日にさかのぼる法律は、最高裁への上告なしに控訴院で判決を下せる特別法廷を制定している。九月には、政府が直接提訴しうる「国家法廷」（TE）も創設された。マキ殲滅のために動員されたのが「予備機動隊」（GMR）である。一九四三年一月には民兵団《ミリス》が「フランス戦士団保安隊」（SOL）を引継ぎ、弾圧機関の中心となった。治安担当の国務長官となったJ・ダルナンは一九四四年一月に、民兵団《ミリス》が弁護士も控訴も許されない被告に死刑判決を下すことのできる「軍法会議」を設置した。平行して、ローリストン街のごろつきボニー〔元警官〕とラフォンで知られるような、市井のやくざ者たちもひそかに弾圧に加わっている。ヴィシーとドイツの官憲は休戦以来積極的な協力ぶりを見せているし、一九四二年七月の「オーベルク＝ブスケ協定」[1]はさらにこの協力を促進させている。一九四三年八月、ダルナンは民兵団《ミリス》を親衛隊（SS）の管轄下に送り込む。

（1）在仏警察長官に任命されたカール・オーベルク将軍（親衛隊）とパリ警視総監ルネ・ブスケのあいだで独仏の警察活動の協力拡大が約され、ユダヤ人一斉検挙への仏警察の参加が同意された〔訳注〕。

休戦監視軍の演じた役割はもう一つはっきりしない。すでに述べたように武器を隠匿しようと計った将校団も確かに存在した。モフール大佐はかくれみのに会社（「沿岸急行」など）を作っているし、他にも諜報活動をカムフラージュするために「農作業関係」の架空会社を設立したロナン大佐の例もある。リヴェ大佐の率いる第二課は継続して活動しており、少なくとも一九四一年まではフルネのようなレジスタンス活動家に情報を流していた。反国家陰謀摘発課（BMA）の場合はその性格の曖昧さは最もひどくなる。南部地域ではドイツ国防軍諜報部の要員を狩り立て、その結果約三〇名のスパイが一九四二年十一月以前にヴィシーの手で銃殺されている。しかし、彼らは同時にイギリスや自由フランスと連絡をもつレジスタンス活動家や共産主義者を追跡している。マルセイユではBMAと国家警察のR・レオナール〔ヴィシーの警視総監〕の手で地下組織「アジュール」が壊滅させられている。

安全を確保するための最良の方法はお互いに接触しないことであった。軍事行動と諜報、宣伝などの政治活動とをたて分けること、複数の地下組織に所属しないこと、全国組織と地方組織の分離、などは基本的な鉄則であった。しかし、いつも完全に守られたわけでもなかった。J・ゴセは行動部隊を率いるかたわら、情報組織コオールをも統率していた。ジャン・ムーランとCh・ドレストランによって課せられた軍、政の区分が運動体によって即戦行動への有効性の面から異義をはさまれていることはよく知られている。連合軍の上陸に際してはその矛盾が大きく露出する。地方軍事委員は破壊活動グループの編成を命じられても、運動体とのあいだに何のつながりも持っていないため、ロンドンから来たこの非現実的な命令を実行することができなかった。

弾圧する側からの追跡以外にも、レジスタンス活動家は細心の注意を怠るべきではない（一九四三年六月、ドレストラン将軍が逮捕されたのはすでに敵にばれてしまっている郵便箱のなかに暗号化しないままの伝言を残していたためである）。不注意と同時に恐るべきものは裏切りである。「人類博物館」グループは一九四一年にA・ガヴォーの密告によって壊滅した。「雌猫」と仇名されたマチルド・カレは「エトワール」グループを敵に引渡した。J・ミュルトンの寝返りはR・アルディの逮捕を、ついでジャン・ムーランとその仲間の逮捕を招いた。逮捕に続く一連の出来事はほぼ定型化している。独房に入れられ、同志が大丈夫だろうかとの不安におののき、型通りの拷問に耐え、強制収容所に送られる。そして多くの場合そこで死を迎える。同志の一人がゲシュタポの魔手におちると、グループの仲間たちが安全なところに身を隠すことができる時間だけ、彼が持ちこたえてくれることを祈るばかりである。ドイツ側からすると、レジスタンス活動家はテロリストに過ぎず、戦時国際法の適用はありえないのである、捕虜になったマキの戦士も、制服や腕章を身につけていても、全員銃殺されている。上陸作戦に際しては、ドイツ軍総司令官フォン・ルントシュテット元帥はフランス国内軍（FFI）を「ゲリラ兵」として扱うと布告している。これに対しド・ゴールは連合軍の反対を押し切ってフランス臨時政府が収容しているドイツ人捕虜を銃殺するとおどして反撃した。パリでは、フォン・コルティッツ将軍は最終的にはヒトラーの命令に従わなかった。

ドイツ側は時には裁判を行なうことによって彼らの弾圧を合法化する手間をかけている。「人類博物館」グループの一九名は、一九四二年はじめに比較的まともな裁判にかけられた。ドイツの軍人検事ロストーケンは彼らの闘いの愛国的正当性を認めている（とはいっても一〇人に死刑の判決がくだされたが）。その反面、一九四四年二月にはM・マヌーシアンのグループ二二人に死罪を申し渡した茶番劇に等しい裁判もあった。グループのなかで唯一人、恩赦に浴したオルガ・バンシクは最終的にはドイツの刑務所で斧で首を落とされている。斬首はレジスタンス活動家に対してよく用いられた処刑方法である。

万一、レジスタンス活動家が逃亡に成功したり、あるいは釈放された場合には、彼は拷問を恐れるあまり、ドイツ側と折り合いをつけたのではないかと疑う仲間たちによって、組織の安全を守るためまるでペスト患者ででもあるような扱いを受けねばならない。この危険を少なくするために、自由フランスは活動要員には青酸カリ入りのカプセルを配付していた。拷問によって口を割ることを恐れて、自決を選んだ幹部、指導者は数多い。

一九四四年始め、フランスの刑務所には八万人が収容されていた。D・ペシャンスキー〔国立科学研究センター研究主任〕は一九四〇年～四四年まで投獄されたフランス人は三〇万人以上と推量している。

ドイツ兵に銃殺されたフランス人の数は約三万人、それに加えて政治的理由で強制収容所にいたのは六万人（うち半分は死亡）と推定されている。戦闘中に死んだか、強制収容所で虐殺されたマキとフランス国内軍（ＦＦＩ）の人数はおよそ一万五〇〇〇人内外と見なされている。

# 第八章　未来にそなえて

## I　将来への展望

レジスタンス運動のまっただなかで、暫定的な国民代表をもって任じる自由フランスは、諸問題を検討するための枠組みを発展させた第一人者である。一九四一年十二月、ド・ゴールは「戦後問題検討委員会」（CEPA）を創設した。

R・カサン（ついでF・グァン）の主宰した法律問題に関する委員会は新しい「人権宣言」を検討し、憲法改正に取り組み、暫定議会の開催を提案した。社会、経済問題を担当する委員会はL・アルファンやR・マルジョランを中心に計画化、国有化の基礎を作った。教育問題の委員会（J・カタラ、H・オーク、M・シューマンら）は野心的な教育改革案を計画し、大学自治の確立のため文部省の廃止を提言していた。

一九四三年、アルジェに「フランス解放評議会」（CFLM）が設立されると、いくつもの新しい委員会が発足した。戦後処理を検討するための政府の全体委員会はA・フィリップに受け継がれ、各委員会は各々の分野の独自の問題検討をすすめた。政治問題を扱う委員会には、R・カピタン、A・オーリュー、J・モック、F・ド・マントンといった多士済々が揃っていたが、そこでは追放に関しての枠決めや憲法改正のさまざまな要素が評議された。経済委員会は再び計画化と国有化の問題を取り上げ、併行して

R・プルヴァンとその補佐役H・ローランティがブラザヴィル会議[1]を準備した。

（1）一九四四年一月三十日～二月八日、ド・ゴールを議長として戦後の植民地政策の原則が論議された〔訳注〕。

自由フランスの代表団は連合国間のいろいろな会議に出席したが、そこではアングロ・サクソン風の発想や経験が優位に立っていた。自由フランスの周辺でもさまざまな検討委員会が世界にちらばったフランス人知識階級のもとで発足していた。かくしてニューヨークの「高等研究自由学院」（H・フォション、F・ペラン、J・マリタン）にも多くの研究会が結成されていた。

フランス本国でのレジスタンスはまず愛国的闘争と宣伝戦を優先させた。徐々に、とくに南部地域の運動体のなかでは、敗戦の原因の分析を越えて未来への思考が高まってきた。各運動体は思想的には共通した基盤を欠いているので、各自その見解を自分たちの刊行物に発表している。主要な運動体はついには地下出版でそれらの検討と分析のための雑誌を創刊するに至る。それらは往々にして注目に価する知的品格を備えているものであった。南部地域の運動体で、少なくとも、一九四二年までに政治闘争に重きを置くようになっていた組織がこの種の雑誌を最初に世に送ることになる。「コンバ」の『それから《アプレ》』、「南部解放」の『解放手帖』、「義勇兵」の『自由雑誌』などである。

フランスの敗戦後、多くのジャーナリスト、政治家、組織活動家などが疎開していたリヨンは南部地域がドイツの占領下に置かれるまで、重要な知の交叉点となっていた。運動体の周囲で、さまざまなグループが一九三〇年代の激論の伝統とペタンの登場によって新しく生まれた条件にかんがみて計画や分析をつき合わせていた。カトリック教徒も数多くの雑誌の編集にたずさわっていた。S・フュメは『新時代』を出していたが、一九四一年夏に刊行禁止にされると、R・ラディソンの支援のもと、『ポジション』と改題して出版を続けている。E・ムーニエの『エスプリ』も同様の運命を辿るが、P・シャイエ神父は地下出版で『キリスト者の証言』を出しつづける。これらの雑誌のおかげで知識人たちはキリスト教徒であるなしにかかわらず、H・ブーヴ＝メリ、H・ド・リュバック神父、L・テールノワール、P・エマニュエル、L・アラゴンといった多士済々が意見の交換を行なう場を持てたのである。リヨンの急進党員のまわりにはP・ラマディエ、P・バスティド、J・ラニエルといった政党人が集まっていた。南部地域ではリヨン以外にもマルセイユ、トゥールーズ、ニース、それになかんずく国務院とストラスブール大学が疎開していたクレルモン＝フェランは知的交流の中心地の観を呈していた。

北部地域では、このような知的活動はそれほど広がっていない。どちらかというと保守的な二つの運動体の場合はむしろ例外といえるだろう。「軍民統一戦線」は『未来』と『OCM手帖』の二種類の有力な知識人向け雑誌を発行しており、「フランス防衛隊」は『フランス防衛隊手帖』を出していた。

ジャン・ムーランの指導による統一の動きから一九四二年四月には「情報報道局」（BIP）が誕生する。G・ビドーが後を継いだBIPはあらゆる運動体に中央からの情報を伝達できるようになる。一九四二年七月になると、「専門委員会」（CE）の発足により決定的な段階を迎えることになる。というのもこの委員会は、運動体と連繋して問題点を検討し、その解決策をロンドンに提案するのを使命としていたからである。

D・ド・ベルシーズ〔ル・アーヴル大学教授〕が強調しているように、「専門委員会」の構成には法律、経済の専門家と穏健な社会主義者あるいはキリスト教民主主義者の理念とが強く反映している。第一期のメンバーはF・ド・マントン（法学教授、キリスト教＝民主系）、A・パロディ（国務院評定官）、R・ラコスト（大蔵官僚、改革主義組合活動家）、P・バスティド（法学教授、旧急進党閣僚）の四名である。一九四二年秋に、P＝H・テートジェンとR・クールタン——ともに法学教授と経済学教授でド・マントンの新聞『自由』の協力者——がメンバーに加わった。そしてさらに一九四三年、J・シャルパンティエ（弁護士会々長）、P・ルフォシュ、M・ドブレがこの「影の国務院」に参加している。

一九四三年二月には「専門委員会」（CE）は「総合研究委員会」（CGE）に改組され、対象とする領域も飛躍的に拡大した。以降は直接臨時政府代表部に直結して、解放、追放から国家改造を経て国有化に至るまで大部分の大問題の検討を任務としてきた。知事任命の準備を担当したのもM・ドブレを代表とするこの委員会である。CGEは自分たちの雑誌『政治手帖』を発行している。

CGE程攻撃の対象となったレジスタンス関係の機構は少ない。南部地域の運動体はこの委員会はフランス本国のレジスタンスに関する問題検討の中心となるべきなのに、次第にロンドンへの従属を強めていったと非難している。委員の政治色もはげしい論争の種となっている。委員に入っていない共産党員は委員会の右への偏りをあげつらうし、一方、フルネやC・ブールデのようなレジスタンス活動家は労働党の創設を願っていたためもあり、委員会が将来のキリスト教民主党結成の温床の役割を演じたと批判している。

## II　第二のフランス革命のために

フランスにおけるレジスタンス運動はベルギー、オランダ、ポーランドなどの同種の運動とは異なり、その運動は最終段階で革命的高揚を迎えることになる。対独協力政府——それ自身が「国民革命」の推進者——の否認および共産党がレジスタンスで示した力がフランスでのレジスタンスの急進化の直接的要因となっている。
一九四〇〜四一年には、革命について考える余裕などなく、敗戦の原因を分析するのがやっとであった。大多数のレジスタンス活動家は一致してエリート層の挫折を告発している。政界、経済界、知識階級、軍人などいずれの分野でも彼らの失敗は明らかであり、その責任は非常に重大である。そこからこれらのエリート層をレジスタンスに参加した新しい人材と交替させることが必要だとする考えが生じてくる。『義勇兵』誌は一九四四年七月にすでに一九四一〜四二年に存在した次のような考え方を要約している。「マキを作りあげたのは国務院でもなく、マキの補給を担当したのも会計院ではない。……〝立派な人びと〟、それはレジスタンス活動家である」。ヴィシー政権が祖国に苦行を強いているときに、ある人びと——主として「義勇兵」、「南部解放」——は責任の所在を明らかにするため、この国のブルジョワジーに不利な証拠を示している。「フランスの民衆よ、あなた方には罪はない。敗戦の責任を負うべきは偽エリートとブルジョワジーである。」『解放』(一九四三年七月)
このような総括から、レジスタンス活動家は将来における真のエリートの出現を可能ならしめる教育システムの検討へと向かっていく。一九四三年二月、『コンバ』ははっきりとこういっている。「本当の意味で万人に開かれた教育制度が教育そのものと不可分の関係におかれる。真のエリートはそうしてはじめて国民のなかより生まれでて、エリートの絶え間のない更新もまた可能となるだろう。みずからを改革しないエリートは死せるエリートにすぎない。」
みずからの価値を自覚し、さらに先を目指すレジスタンスはみずからが道徳授業であることを望み、そこから新しい人間像、〝解放者〟の出現を期している。一九四三年三月、『フランス防衛隊手帖』は当時広く共有された見解を要約している。「みずからの勇気により権利を獲得した人びとは……国に理想をもたらす義務を負う。」

古い体質の財界エリートの排斥、ヴィシー政権による対独経済協調へののめり込み、社会主義者と共産主義者のますます増大する影響力、といった要素はレジスタンス活動家——元来は右翼であれ、左翼であれ——を辛辣な反資本主義へと導いていく。この反資本主義はまず最初はフランスを荒廃に追いやった「巨大企業」と「経済封建主義」の弾該となって現われる。ゆえに、国有化、計画化という手段を通じての国家の経済への介入が必要であるとする考え方は許容され、正当化される。社会的解放を通じての個人の解放、その他数多くの社会的改革が着手されるべきとなる。一九四四年三月、「全国抵抗評議会」(CNR)の計画書にはこのような息吹が総合的に盛り込まれている。

この「計画書」は最初に、信条、出版、言論、といった基本的自由の復活を宣言している。それはまた、経済の合理的実施、国有化と計画化に則った「社会的民主主義」をフランスに確立することにも言及している。社会的計画に関しては、昇給以外にも、社会保障制度の制定、雇用と解雇の規制、農産物の価格政策を要求し、同時に労働と休暇への権利を主張している。そして最後に、CNRは教育制度の根本的改革と植民地の民衆への基本的な政治的、経済的、社会的権利の拡大を要望している。

かくしてこの数年のあいだに、愛国的熟慮は革命への期待へと移行していった。一九四二年からはレジスタンス活動家の思考や表現のなかで、「第二フランス革命」とか「一七八九年成就」などが反復される。『コンバ』は一九四二年九月以来、「革命を成就させよう!」と訴える。同じく「総合研究委員会」(CGE)も賢明にも、一九四三年には、一五〇年間のブルジョワ、資本家支配の欠陥を認めたうえで、「革命、しかも本物の」を求めている。これらの宣言とは別に、この革命の性質の問題が提起されたままになっている。H・ミシェルが強調しているように、レジスタンス運動は、当初はきわめて不均質であったのに、徐々に社会主義、民主主義、キリスト教の思想を融和できそうな人道的社会主義の理念を引きだすことになった。しかしながら、たとえばA・オーリューに見られるように、何人もの理論家の努力にもかかわらず、この「レジスタンス理念」は曖昧模糊のままにされた。より深部においては、一九四三〜四四年に見られた満場一致は政党間の衝突や、フランス政治史のなかでの最も深刻な分裂の再来には生き延びる術もなかったのである。

## Ⅲ　政治的対立

政党間の激しい対立を背景に、三つの大きなテーマ——国有化、政教分離、国家再編——について解放直前のレジスタンス活動家の意見は分かれた。

C・アンドリューは経済問題に関して、CNR計画の誕生が如何に困難であったかを論証している。社会主義者は、三十年代の彼らの分析を再考しながら、一九四二年以来国有化の仮説を検討している。一九四三年末に彼らが提案した試案は公共事業、保険、炭鉱、基幹産業、および「金融機関の効果的管理」を考慮して作られている。この試案はCNRの右派により反自由主義的偏向への懸念ゆえに批判された。逆に共産党からもその不充分さを告発されている。共産党は銀行システムと重工業全体の実質的国有化を要求した。社会主義者たちは共産党が一九三四年には銀行の国有化に反対したことを指摘すると、共産党は今回の国有化はマルクス的立場によるものではなく、愛国的要求に基づくものであると反論した。つまり「裏切り者」や「巨大企業」の富を「国家に返納させる」ためのものなのである。一九四三年十一月の「総合研究委員会」(CGE)の原案は国有化による効果を疑うがゆえに、この問題については軽くしか触れられていないため、共産党と国民戦線からのきびしい批判にさらされた。CNRの試案は、国民戦線のためにP・ヴィヨンが起草した原案をもとに作られていたのであるが、最終的には国有化の問題に関しては幅広い妥協を引出すこととなった。(「独占化された生産手段、エネルギー源、地下資源、保険会社、大銀行を国民の手に取り戻すこと」)。この妥協は右派の賛同を得たものの、社会主義者と共産主義者のあいだに議論の余地を残すものであった。一方、ド・ゴールはCNR試案の承認を拒否した。

すべてのレジスタンス活動家は教育システムの改革を要求していた。それは教育の民主化、真の青少年政策の確立と同義語であった。しかし、この改革の方法論になると彼らの考え方には深刻な相違が見られた。アルジェでは、カピタン文相は教育の自由の原則を承認させるのに格別の努力は必要なかった。非宗教国家は私立学校は認可するが補助はしない、というわけである。ところが、彼が認可の手続きと結びついた補助の問題を擁護したときからまったく別の展開を見せるようになる。宗教団体の代表は補助は要求したが認可は拒否した。「ヴィシー政権のような全体主義」に陥る恐れがあるというのである。非宗教団体、教員組合、共産党の影響下にある若いレジスタンス活動家から成る運動体などは政教分離の尊重の名のもとに補助の原則に対し断固反対の声をあげた。一見さほど重要とも思えないこの議論は非常な大論争に発展し、聖職者身分に関する古い問題を再現させた。一九四四年春、「統一レジスタンス運動」(MUR)と社会党のあいだで始められた労働党創設に関する折衝が失敗に終わったのもまさにこのような雰囲気のなかで、主としてこの問題を巡ってのことであった。

エリート層の挫折という現実のためにレジスタンス活動家は国家の徹底的革命に直面することを余儀なくされた。彼らは残らず旧政党の演じた役割を指弾していた。反面、憲法に関しては彼らの意見は分かれていた。彼らは例外なく自由、民主の基礎を存続させたいと望んでいたし、統治形態としての共和制を一致して支持していたが、――リオムの裁判の例は共和制の理念はフランスでは民主主義と不可分であることを示してくれた――公権力の組織に関してははなはだ矛盾した提案が数多く出された。大多数のレジスタンス活動家にとって、このたびの戦争はフランス流の議会制度における執行権の強化の必要性を再検討する機会となった。しかしながら、政党代表者や法律家には、強力な執行権に対する共和主義者の古いためらいが思いおこされるのであった。

「軍民統一戦線」（OCM）と「フランス防衛隊」（DF）はアメリカ風の大統領制を歓迎していた。きわめて早い時期（一九四二年六月）にでき上がった「軍民統一戦線」案には初期のレジスタンス参加者に多く見られた反議会主義の徴候が現われている。総選挙で選ばれた大統領が大臣を指名し、解散権を保持する、というのである。国民会議は失くなり、その代り地方議会の代表によって選ばれた上院が機能する。「フランス防衛隊」案（一九四四年二月）はずっと慎重である。上下両院合同会議で選ばれた大統領が大臣を指名、国民議会は特権を有するものの、大統領はこれを解散させることが可能である。

「総合研究委員会」（CGE）の法律家たちは一九四三年にさらにずっと控え目な提案をしている。そこには一八七五年憲法のわずかな修正のみが加えられている。大統領はより拡大された選挙民によって選ばれ、解散権はより強化されていた。国民議会はその予算持権が制限されていた。CGEがレジスタンス参加者の意見を反映させたとして提出したこの私案は、あまりにも引っ込み思案すぎ、議会よりであるとして「統一レジスタンス運動」（MUR）に否認されてしまった。アルジェで支持された諸案――たとえばJ・モック案――はCGE案に近かった。議会主義を尊重しながら、わずかに執行権の強化を要求するに留まっている。「全国抵抗評議会」は非常に漠然とした妥協を示したため、のちにあらゆる解釈を可能にしてしまった。

選挙制度もまた大きな分裂を引き起こす要因となった。急進社会党は彼らの反教権論理に忠実なうえに、レジスタンス参加者の大半が支持している婦人投票権に反対した。「総合研究委員会」は家族の人数と投票権とを結びつけた家族単位での投票を提案している。「フランス防衛隊」は投票を「基本的政治理念についての投票者試験」を行なって制限するべきだとしている。

婦人参政権の原則はいち早く「全国抵抗評議会」（CNR）と「フランス解放評議会」（CFLN）に承認された（一九四四年四月二十一日法令）。残る大きな問題は有権者年齢の引き下げであった。共産党と若いレジスタンス活動家の多い運動体——「愛国青年連合」（FUJP）を結成——は十八歳を主張した。アルジェの国民議会は一九四四年五月にこの提案を十八歳はなお未成熟であるとして退けている。ド・ゴール派と社会党は青年に対する共産党の影響をおそれていた。というのもアルジェでは、青年のマキ参加が過大評価されていたためでもある。

解放直前にも制度上の問題についてはいかなる合意も明らかになっていなかった。それどころか、多くの基本的問題に関して、フランス政界の古い亀裂が、レジスタンスによってできあがったもろいコンセンサスを危うくしていた。

# 第九章　解放時のレジスタンス

## I　「特殊任務統合本部」（DGSS）の計画

「フランス解放評議会」（CFLN）の狙いは蜂起を押さえることにあったのではない。ド・ゴールは一九四二年四月十八日、「フランスの解放は民衆の蜂起なくしては成就しない」、と宣言している。その狙いは蜂起を指揮し、統率することにあった。蜂起は連合軍の戦略計画の一部に組み入れられており、上陸した部隊の前進につれて、それを援護するべく、時間的にも空間的にも蜂起は漸進的に決行されるべきであった。とりわけ蜂起によって「フランス解放評議会」による権力奪取が容易になるはずであった。この考え方はフランス国内にいるレジスタンス勢力のものとは相反していた。彼らの望んでいたのは即時行動によって準備されたXデーでの一斉蜂起であった。

「中央情報行動局」（BCRA）はフランス上陸の際に国内のレジスタンスの行動を指揮するための一連の計画を立案済みであった。「緑計画」は鉄道網の破壊工作を調整するためであり、「黒計画」はドイツ軍司令部の攻撃、「黄計画」は弾薬庫、「赤計画」はガソリン貯蔵庫への襲撃を扱っていた。

一九四三年十一月、「中央情報行動局」（BCRA）は改組されて「特殊任務統合本部」（DGSS）となる（第六章参照）。DGSSのロンドン分室である「ロンドン情報行動局」（BRAL）はこれらの計画を練り直して、次の四計画とした。修正「緑計画」は戦闘区域において二週間のあいだ、鉄道網を麻痺させる。「紫計画」はドイツ軍の通信を遮断する。とくに「郵便電信電話局」(PTT)の長距離通信切断に重点をおく。「青計画」は配電妨害を行なう。最後に「ミシュラン計画」では橋梁、交通要所などの限定的破壊を行なう。これらの破壊活動はすべて専門家の手にゆだねられるが、目標がしっかりと選別されねばならない。ただちに修復を加えて連合軍の前進を可能ならしめる必要があるからである。それ以外にも、「亀計画」ではフランス国内軍のゲリラ攻撃によりドイツ軍の集結を阻止し、「鰐(カイマン)計画」では移動可能なマキの大集団をいくつか動員して、解放が完了した地域に「フランス共和国臨時政府」(GPRF)を設置できるような整備をする。以上と時を同じくして「ロンドン情報行動局」では、ブロック計画立案班がこれらの計画の規定と実施方法を調整した。しかしながら、ブロック班は連合軍の諸計画には通じていなかったので、検討はさまざまな仮定のうえで行なわれるしかなかった。結局、二種の工作が優先されることになった。破壊活動とドイツ軍部隊への撹乱工作である。

全体的に見て、破壊活動実施の成果は満足すべきものであった。最初の日程の延期にもかかわらず──アイゼンハワー将軍は一斉蜂起を六月六日と命じたが、ケーニグ将軍はそれを十日に延期させた──ケーニグは計画の実現率は六〇パーセントと見積もっていたが、スーステルは「緑計画」(1)に関しては成功率九五パーセントと見なしていた。実際、数百の橋梁、機関車、列車が破壊された。ノルマンディーの周囲の半径二〇〇キロメートル内では鉄道網は麻痺状態となった。六月から八月にかけて、ブリーヴからトゥールーズへ到着できた列車は唯一本だけであった。このような形での破壊と空襲によってドイツ軍は夜間、陸上または舟艇によってしかノルマンディーの前線への補給ができなくなった。「紫計画」も見事な成功を収めた。六月六日、ドイツ軍はアミアン－ルーアン、ルーアン－カーン、トラップ－ル

=マン間の電信電話連絡が不可能であった。ヴェルサイユとサン=ジェルマンの司令部をつないでいた専用バイパスは幾度となく切断されている。六月ひと月だけでも、合計すると一〇〇回近くの長距離ケーブルの切断が決行されている。

（1）スーステルがこの計画の成功に全幅の信頼を寄せていたのもむべなるかなである。この計画を指揮したのはNAP-FERの創始者ルイ・アルマンで、彼はそれまでにも驚くべき活動成果を挙げていた。「鉄路の闘い」の全戦績として蒸気機関車（一万一四三）、電気機関車（一二四）、車輌（一九万八二八六）、橋（二四一二）、トンネル（四三）の破壊が挙げられる。反面そのための犠牲者も多大で、強制収容所送り二四八〇（うち一一五六死）、服役者五九六〇（獄死四五）、銃殺された者五五四である〔訳注〕。

## Ⅱ フランスの解放

連合軍の上陸時には、兵力関係は至るところでフランス国内軍（FFI）に不利であったものの、地域による差はかなり大きかった。ドイツ軍は基本的には大西洋沿岸に展開しているか、内陸のいくつかの大都市に集結していた。ノルマンディーでの状況は惨惨たるものであった。ドイツ軍はそこでは二十数個師団を数えたが、一方のフランス国内軍は数も少なければ装備も貧弱であった。オルヌ県などは六〇〇名の義勇兵を武装させるのがやっとであった。エール県でも状況はよく似たものであった。FFIは五〇〇〇人を擁していたが武器がなかった（シュルクーフのマキ[1]二〇〇名は別である）。ブルターニュでは兵力関係はそんなに見劣りしなかった。完全武装の五〇〇〇名が出動可能であった。モルビアン県のサン=マルセルのマキは六月初にブルグアン少佐率いるパラシュート部隊「黒ベレー」の増援を受けていた。ブルターニュのFFIは七月末には二万名、八月には八万名に増える。ロワール河の南、サントル、リムーザン、アキテーヌ、オーベルニュを含む広大な地域にはドイツ第一軍、約一二師団が駐留していた。しかし、部隊が前線に移動するにつれて、この地方のドイツ軍は徐々に減少していった。かくして、リムーザン全体にわずか一師団、フランスの南西部の四分の一の地域でもドイツ軍による占領はゆるやかなものになる。南東地域は第十九軍に占領されていたが、同軍は連合軍のプロヴァンス上陸と同時に北方へ後退している。南西部、中央山岳地帯、アルプス地方の多くの県では、ドイツ軍は比較的少なく、反対にFFIの戦士が突如として急増する。とはいっても武装の問題は未解決のままである。

(1) ノルマンディーのマキには異色のものが多いが、一九四二年末にユール県サン=テティエンヌ=ラリエ村の乾物屋ロベール・ルブランが結成したシュルクーフのマキもそのひとつで、地下数十キロメートルに広がる泥灰岩採石場跡を利用して縦横の活躍を繰り広げた〔訳注〕。

ブルターニュでは戦闘は数多く、いずれも激戦であった。たとえば、六月十八日にはサン=マルセルでFFIの二〇〇〇名がドイツ軍の必死の抵抗に遭遇している。七月末、アヴランシュでの敵陣を突破したあと、FFIはアメリカ軍の斥候をつとめ、サン=ブリュ、パンポル、ヴァンヌ、カンペール（八月初）を解放した。アイゼンハワーがパットン将軍の第三軍を東部と北部に送ると、ブルターニュはレジスタンスの制圧下に入った（キブロン解放は八月二十日）。FFIは重火器を持たないので、ドイツ軍が立てこもっている防御陣地を落とすことはできなかった（ロリアン、ブレスト、ラ=ロシェル、サン=ナゼールなど）。ブレストが奪取できたのは一カ月の戦闘の末であり、その他の陣地はようやく一九四五年五月になって陥落した。

南西地域ではドイツ軍の撤収が蜂起への合図となった。六月七日、テュルはFFIの手に落ち、モーリャックはレジスタンスが押さえた。八月までは現地の「解放地方委員会」（CLL）が居心地のよい「モーリヤック共和国」を維持した。リモージュの守備隊を攻囲し、降服させたのもやはりG・ガングァンのFFIであった。フランスの四分の一に当たる南西地域の二八県以上がレジスタンスの手で解放された。さらにFFIはノルマンディーに向けて集結しようとするドイツ軍を執拗に攻めたてた。かくして、二万の兵力を擁するエルスター部隊[1]も間断なき攻撃にさらされ、ついに九月十日、イッスーダンでアメリカ軍に降服せざるをえなかった。

（1）この寄せ集めの混成部隊に降服を余儀なくさせたのはFFIであるが、エルスター将軍の懇請により、公式的にはアメリカ軍に投降したことにされている〔訳注〕。

ボルドー、モントーバン方面から北上してきた武装親衛隊「ダス・ライヒ」は途上「テロリスト集団」を撲滅する命を受けていたが、行軍の途中で幾度となく行手をはばまれたため、残虐な報復でこれに応えた。六月九日、民兵団《ミリス》の支援を得てテュル〔コレーズ県県庁所在地〕を奪回、一〇〇名以上の市民を虐殺した。六月十日、オラドゥール＝シュール＝グラヌ〔リモージュ北西二〇キロメートル〕の村民六四二名を生きたまま焼殺、数日後にはアルジャントン＝シュール＝クリューズ〔アンドル県南部の町〕に恐怖をまき散らした。

南東地域でも蜂起はやはり早い時期から起こっており、破壊活動や撹乱攻撃は数多く行なわれていた。しかし、援軍が期待できないため、これらの攻撃がドイツ軍に有利に展開したこともある。アルデッシュ県のアノネは六月六日以降はFFIに押さえられていたが、六月十九日にドイツ軍と民兵団《ミリス》に奪回されている。六月二十六日、オーブナス〔アルデッシュ県中央〕も同じ運命を辿り、七月初には激しい戦闘の末、アルデッシュ県は再びドイツ軍の手に落ちた。同じような光景がアニ県やジュラ県でも展開されている。

そこではレジスタンスがまずベルガルド、ナンテュア、オヨナックスを解放したが、やがて報復を伴うドイツ軍の猛烈な反攻にさらされている。

ヴェルコール〔フランス南東部にある南北五〇キロメートル、東西二〇キロメートルに及ぶ高原地帯〕の悲劇(1)は蜂起のむずかしさを示している。七月初、アルジェからの命令に従い四〇〇〇人のマキが高原に集結した。七月三日、Y・ファルジュがそこで共和国の再起を宣言した。約二〇〇〇個のコンテナによるパラシュート支援にもかかわらず、武器が絶望的に不足していた。高原の制圧を期して、ドイツ軍は精鋭師団を集結させ、装甲車両三〇〇台ならびに空軍の支援をも投入した。月末になって、ドイツ軍はマキと住民を虐殺ののち、高原を奪回した。戦後、この悲劇はド・ゴール派と共産党のあいだでの激しい議論のテーマとなった。「鰐《カイマン》計画」の立案者であるJ・スーステルはその著『万難を排して』でドイツ軍の空軍基地への爆撃を承知しなかった連合軍の責任を強調し、さらにフランス解放評議会の空軍委員長であった共産党のF・グルニエを、高原援護のための連隊規模の空軍部隊の編成を拒否したとして告発している。これに対してグルニエとCh・ティヨンは、各々の回想録のなかで激しく反論し「マキの動員」という発想の愚かさを非難し、いっさいの責任はド・ゴール派にあると反駁している。

(1) 一九四四年初、独軍攻撃開始。四月、民兵団(ミリス)はマキの重要基地ヴァシュー村攻撃。六月六日以来、数百人のマキ、高原に立てこもる(ユエ中佐指揮)。パラシュート補給六月いっぱい続く。着陸用滑走路整備したが、モンタニャール計画は実施されず。七月二十一日、二十三日、独パラシュート部隊四〇〇グライダーで降下、同時に空軍ヴァシュー村爆撃、三日間の戦闘でマキ死者八四〇、ヴェルコールの全村廃墟と化す〔訳注〕。

連合軍のプロヴァンスへの上陸作戦(八月十五日)が状況を打開することになる。十七日以来、ドイツ第十九軍は北方へと撤退を始める。それ以来FFIが形勢を挽回し、ドイツ軍を悩ませる。マルセイユでは蜂起が発生、それがモンサベール部隊〔フランス第一軍団ド・ラットル元帥麾下〕の到着を急がせる結果となる（八月二十八日）。南アルプスではＦＦＩがナポレオン街道を押さえ、アメリカ軍の進軍を容易にする。リヴロンの橋も爆破され、リヨン゠マルセイユ間の幹線道路は切断される。ローヌ峡谷ではプリヴァは八月十二日以来解放され、アルデーシュ県も今度はアメリカ軍の到着によって完全に取り戻せた（八月末）。ヴァランスとモンテリマールはアメリカ軍とＦＦＩの両者によって解放された。セヴァンヌ高地、中央アルプス、ロゼール県、オート゠ロワール県の全域にはドイツ軍はいなくなり、レジスタンスの掌握するところとなった。アルプスのいたるところで蜂起がおこった。サヴォワ地方での戦闘が激化した。シャンベリは八月二十二日に、アネシは同二十八日に解放された。九月三日、リヨンに解放者が入城した。続く数日のあいだに、すでにアン県を押さえていたＦＦＩはブルゴーニュ南部を解放した（マコンは九月四日）。

祖国解放のための戦闘のなかでレジスタンスが果たした軍事的役割の評価は微妙なものがある。アイゼンハワー将軍がＦＦＩの助勢は十数個師団に相当すると評価したことはよく知られている。数多くの県はＦＦＩ単独の力で解放されたし、ＦＦＩは連合国軍の背後に広がる広大な地域をも押さえていた。ときには、ローヌ峡谷の場合のように、ＦＦＩは直接的な軍による支配の役割を演じることもあった。最後に破壊活動の重要性も認めなければならない。しかし、これはあくまでも補助的手段であった。ＦＦＩが単独で正面からドイツ正規軍と衝突した場にはいずれも、ＦＦＩの敗走は必至であった。それはＦＦＩにおける圧倒的な武器弾薬の欠乏を考え合わせると、とくに驚くべき結末ではなかった。

## Ⅲ パリ解放

ノルマンディーの前線を突破した連合軍は、東に向かって押し寄せ、八月十七日オルレアン、同十八日、シャルトルに達している。しかし、アイゼンハワーにはパリを奪取するつもりはなかった。この大都市に立寄ることによって生ずるはずの食料問題などにかんがみ、彼は北と南へ迂回する進路のほうが好ましいと思っていた。ド・ゴールと国内のレジスタンスは蜂起の必要性という点で意見の一致を見た。それのみが連合軍の予定を変更しうるからである。しかしながら、方法論において両者の意見は対立していた。ド・ゴールにとってはアメリカ側にフランス共和国臨時政府の存在を決定的に承認させることが重要であった。そのために、解放されたパリがド・ゴールを歓呼のうちに迎えるに越した正当性の示威はあり得ようか。さらにもう一つラヴァルの最後の策動を阻止する必要もあった。彼は市役所にE・エリオ〔最後の下院議長〕を据えてヴィシー政権に名誉ある撤退を画策するため両院を召集させることを目論んでいた。とはいうものの、蜂起は首都における無政府状態、つまり共産党の権力奪取を避けるために統率されたものでなければならない。パリの内部でも状勢は混乱していた。一九四三年以来、レジスタンスの中央機関である、「全国抵抗評議会」と臨時政府代表部はパリ市内に置かれていた。そしてそこでは共産党が優勢を占めているようであった。共産党は「パリ解放委員会」(CPL)を牛耳っていたし、地元のフランス国内軍は「義勇遊撃隊」の隊長であるH・ロル＝タンギが率いていた。地元の国内軍の武装の程度も他所と似たりよったりで、動員可能な二万人に対して、武器を手にしているのは二〇〇〇名であった。共産党と他のレジスタンス参加者とのあいだの合意は不充分なままであったとはいえ、全員が一刻も早い蜂起を待ち望んだ。ドイツ軍は兵力一万七〇〇〇と装甲車部隊を擁していた。大パリ地区司令官フォン・コルティッツは不退転の決意を彼に課する命令を受領していた[1]。

(1) 八月九日にパリに着任した彼がヒトラーから与えられた命令は、「パリを敵の手に渡す前にパリを徹底的に破壊せよ」であった。代表的建造物爆破の準備完了したパリにヒトラーは自身で「パリは燃えているか」という有名な電話をかけている〔訳注〕。

連合軍の接近につれて緊張は高まった。鉄道員は八月十日、ストに入った。同十五日、地下鉄乗務員および警察官が、同十八日、郵便電信電話局の従業員がこれに続いた。

同日、「パリ解放委員会」(CPL)が蜂起を呼びかけた。国内レジスタンスと共産党にだけ自由に振舞わせるわけにはいかず、臨時政府代表A・パロディは十九日、総動員の命令を下した。十九日から二十二日まで、FFIは武器と公共施設を押さえた(「全国抵抗評議会」(CNR)は市役所に陣取っていた)。しかし、武力においてはドイツ軍がはるかに勝っていた。十九日、スウェーデン領事R・ノルトリンクが休戦を提示し、CNRも辛うじてこれを承認した。しかし二十一日にはCNRは、共産系と非共産系が危うくけんか別れをしそうになった末にA・パロディの同意のもとに休戦を拒否した。パリは十九世紀のようにバリケードで覆われた。この間、ド・ゴールとケーニグはパリにルクレール師団を送るようアイゼンハワーを説きつけた。二十四日、最初の戦車隊がパリに入り、翌日、激しい市街戦ののち、ルクレールはフォン・コルティッツを降伏させた。ド・ゴールは、二十五日、パリに入城し、国家の復興を宣言した。彼はロル=タンギが降服文書に連署することを許したルクレールを叱り、CNRの要請を蹴って市役所での第四共和制の宣言を拒否した。ド・ゴールにいわせると、共和国はその存在を止めたことは断じてないのである。共和国はまずロンドンに亡命し、ついでアルジェに移り、そして今、一九四四年八月二十五日、パリに帰着したのである。その翌日、おびただしい数の群衆が彼を歓呼で迎え、六月十八日の反逆者を正当化したのである。パリにはコミューンは現われなかった。共和政体は揺るがなかった。

# 第十章　レジスタンス、政権を逸す

連合軍がノルマンディー上陸作戦に成功した年の翌年にはドイツ第三帝国の崩壊が続く。そしてその年はレジスタンス勢力の政治的挫折の年でもあった。一九四四年春には、運動体の人びとはまだ希望を抱いていた。彼らは「国民解放運動」(1)（MLN）を中心にして非共産系の左派を結集しうる労働党の創設が可能であると考えていた。労働党が存在しさえすれば、伝統的な党派を土台にした政界の再編を妨げられるはずであった。一連の挫折がこの期待を裏切ることになる。

（1）一九四〇年七月にアンリ・フルネが創始して、一九四一年十一月の「コンバ」の結成まで用いられた同名の組織とは何の関係もなく、これは解放間近のレジスタンス勢力の結集から生まれたものである。一九四三年五月、「全国抵抗評議会」が結成されたとき、除外されてしまった「フランス防衛隊」、「ロレーヌ」、「北の声」、「抵抗」が集まってできた団体である〔訳注〕。

最初に離脱したのはキリスト教民主系である。「統一レジスタンス運動」（MUR）と社会主義者とのあいだの調停のいきづまりを前に、G・ビドーはG・ドリュの労働党構想を放棄し、「人民共和派」（MRP）の宗教色を強めて、より右傾化させる気になった。右翼の消滅による空白、目前に迫っている婦人の投票（宗教的影響力を多大に反映するものと思われていた）、カトリック教会の権威からの支援、といったものがこの方向性を強固にした。G・ビドーは彼の計画を少し乱暴にこう要約している。「右の有権者を使って、左の政策を実施するのだ。」「人民共和派」の結成大会（一九四四年十一月）では、「人民民主党」（ＰＤＰ）の自沈と新政党への参加もあり、宗教路線が強調されているのが目立つ。Ｅ・プティの率いる、ほんの少数派のみが労働党計画を死守していた。

　同じ時期に社会主義者も最終的に労働党計画に見切りをつけていた。一九四四年十一月の「社会主義労働者インターナショナル・フランス支部」（ＳＦＩＯ）大会では、次の二大原則に則る「保守路線」が勝利を収めた。その一は、党のイデオロギー（マルクス主義、反教会）の遵守。その二は共産党との協調路線である。時を同じくして、ＳＦＩＯはその拠点地区の再組織、奪回（とくにノール県とブーシュ・ド＝ローヌ県）を完了した。「国民解放運動」（ＭＬＮ）の多くの人士に見られる反共主義、イデオロギーの曖昧さ、個人崇拝といったものは社会主義者の嫌悪するところとなっていた。彼らは将来、今までになく団結し、強力となっている共産党とのあいだに緊密な協調関係を結ばねばならなくなったときに、彼らの党の統一性について不安を感じていた。

　共産党は権力の奪取を試みたのだろうか。一九一七年のボルシェヴィキの例にかんがみ、あるいは共産党書記長モーリス・トレーズ[1]が大統領選に出馬しなかった事実からも、フランスの歴史家は長いあいだこの問題に対しては否定的な回答を寄せてきた。最近の研究はこの問題を違った観点から考察している。

（1）彼が大統領選に出馬しなかったのは、軍隊よりソ連入りを企てたため、一九三九年十一月に敵前逃亡の罪で禁固六年を課せられ、一九四〇年二月にはフランス国籍剥奪の処分を受けている。最終的には一九四四年十一月恩赦を得て、同二十七日帰国している。結局、大統領選にはモーリス・デュクロが立った〔訳注〕。

　Ｓ・クルトワは年代順に考察することの重要性を強調している。一九四四年夏にはスターリンはドイツの急激な崩壊を確信していた。一九三九年以来の、社会主義への移行に関する新しいテーゼによると共産党の役割は革命的緊張を維持しながら赤軍の到着を待つことにあるらしい。とすれば共産党は、自身でとことんまで立ち向わないまでも、ド・ゴールに対決する姿勢は示せたはずである。

一九四四年夏の終わりに方針転換がおこった。連合軍は軍事的行きづまりから抜けでることができた。スターリンはその事実を認めるや、チャーチルと秘密協定を結び(十月十日)フランスからその勢力圏を取り上げるような形でヨーロッパ分割を取り決めた。そのうえ、ド・ゴールはM・トレーズの帰国を——国外逃亡の疑いありとして——共産党の姿勢の変更を条件にしか承知しなかった。共産党は一九三〇年代の「人民戦線」における政府と「国民連合」のように完全な合法活動の路線を選び、「生産闘争」のスローガンを打ち出した。

P・ビュトン〔パリ政経学院教授〕は、共産党が一九四三年以来二面作戦を取っていた点を指摘している。国内のレジスタンスに深く浸透し、合法活動に徹しながらその力をド・ゴールに押しつける。しかし、この戦略は失敗し、一九四四年秋には共産党は少なくとも一時的には権力の奪取を諦めざるをえなくなる。P・ビュトンはこの失敗を説明する三つの大きな理由をあげている。ド・ゴールの政府機関による中央権力ならびに地方権力の掌握と全国蜂起の失敗、そして、とりわけ、ドイツを倒すにはアングロ・サクソンの支援が必須であるとする、一九四一年以来のソ連の世界戦略の擁護である。

このような情勢のもとではレジスタンスは、その労働党実現の夢ともども、共産党にとっては役に立つよりはむしろ邪魔になってきた。一九四四年末、共産党は社会主義者に接近し、「国民解放運動」(MLN)の解体、あるいは少なくとも主導権の完全掌握を選ぶ。

レジスタンスに参加した運動体の最後の希望はまさにこのMLNであり、その第一回大会が一九四五年一月に開催された。活動家は次の方針のどちらを選ぶべきかで二分された。共産党を抜きにして政党、組合と親密な協調関係を築くのか、（実際、労働党計画の後退により調整の見直しが必要となっていた）あるいは、共産党を含めて、「全国抵抗評議会」（CNR）の枠内であらゆる抵抗活動家との同盟を維持するのか。実際的な問題点は共産党とその同調者がMLNに要求している「国民戦線」（FN）との合併の件であった。大会は合併を否決したが、破れた「合併論者」は直後にMLNの分裂を扇動する。そのため、P・エルベ、M・クリーゲル、P・コポー、H・ダスティエらはMLNを去り、「国民戦線」と一緒になって、共産党の下請け以外の何物でもない「フランス・レジスタンス統一行動」（MURF）を創設する。共産党にとっては、これはいわばレジスタンス団体取り込み戦略の輝かしい終末であった。労働党の夢を頑固に追いつづけている一月大会の多数派はどんな有利な同盟をも拒否する社会主義者から見放されてしまう（MLNのみによる組織作りはもはや話題にならなくなってから久しかった）。

一九四五年四月の市町村選挙でレジスタンス関係の候補者（「国民解放運動」（MLN）、「県別解放委員会」（CDL）、「解放地方委員会」（CLL））はすべて従来の政党人に敗北を喫した。一九四五年六月二十五日、最後まで頑固にレジスタンスにしがみついていた人びとが、弱小で混成の政党「レジスタンス社会民主連合」（UDSR）を結成した。そこには「人民共和派」（MRP）の主導に失望したキリスト教徒E・プティ、ド・ゴール派のJ・ボーメル、R・カピタン、穏健派のR・プルヴァン、F・ミッテラン、社会主義者F・レナール、運動体の指導者H・フルネなどが参加している。

歴史に名を残したレジスタンス活動家のなかには、彼らの大いなる夢の代用品ともいえるこの政党を拒否して、公生活から身を退いた人びとも数多い。そのうえ、早くも議会でのかけ引きの面白さを味わったUDSRには、期待されていたフランス政界の改造を望むべくもなかった。

フルネは苦々しい思いでその著『いつか夜は明ける』のなかで次のように注をつけている。「六ヵ月後、UDSRは、というよりその残党は急進党と合併した。この政党こそ一九四〇年に幕を引いた政体のもろさと欠陥の象徴のようなものであったがゆえに、われわれが弾劾しつづけてきたものではなかったのか。」

多くの活動家は、フルネと同じく、彼らが希求していたものに対し、同様の痛恨を味わされた。一九五三年八月、オート＝ピレネ県の「県別解放委員会」は解放記念祝典への出席拒否を次のようなことばで正当化している。「そのために殉教者が非人間的苦痛を耐え忍んだ理想、それは政治家によって無に帰せられた。同様に、解放の記念日は、レジスタンス活動家にとっては勝利をぶちこわしにしているとしかいえないこんにちの現状を目の当たりにして悲しみで一杯の日となってしまった。」

一九四五年には、政界はまたしても従来の政党によって支配されてしまった。労働党としてのまとまりを築こうとする夢は挫折し、労働組合の世界ではその代りに「労働総同盟」（CGT）の再編成がなり、それによってキリスト教徒と改革主義者を融和させるような組合運動の出現への期待は消滅した。そのうえ、政教分離といった、フランスの最も古い政治上の争いごとが相変わらず両派をいがみ合わせていた。レジスタンスはこの古い時代からの対立の浄化をうながすことはできなかった。その原因はどこに求めるべきであろうか。C・ブールデは社会主義者とキリスト教民主主義者の責任を強調している。『不確実な冒険』のなかで彼はこう指摘している。「もしもレジスタンスのなかから社会主義政党が誕生していたら、そしてとりわけ、もしわれわれが一九四二～四三年以来、「社会主義者闘争委員会」（CAS）の指導者とともにそれを創設することができていたら、宗教政党には魅力を感じなかった多くのキリスト教徒はわれわれと歩みをともにしてくれていたことであろう。」H・フルネは自説をより過激に展開して、共産主義者を非難し、それよりもずっと、レジスタンスの真実を理解できないで共産党の共犯者となった自由フランスの幹部に鋭い批判をあびせている。彼の集中砲火はジャン・ムーランを、「共産党の秘密党員」として告発するまでに至っている。

「ド・ゴール将軍の『回想録』を読むと、レジスタンスを思いつき、組織し、指導したのは彼であったかのように思えるだろう。とすると彼がレジスタンスをまったく理解できていなかったと断言するのは不条理かつ驚くべきことではあるまいか。だが、その通りなのだ……無理解の壁がつねにわれわれのあいだに立ちはだかっていた。」「ジャン・ムーランは共産党の秘密党員ではなかったか。これが私のすべての疑問に満足な答えを与えてくれる。……一九四二年中、ジャン・ムーランは忍耐強く自分の役に立つように運動体の力をそいだのちに「全国抵抗評議会」（CNR）を設立し、一石二鳥を狙った。まず、戦前の政党に利するよう運動体の弱体化を図り、ついで共産党にまたとないチャンスを与えたのである。」

歴史家はこのような説に対して懐疑的にならざるをえない。ましてジャン・ムーランの秘書をつとめたD・コルディエが断固としてフルネ説を反駁している以上なおさらである。[1] このようなフルネの姿勢はむしろレジスタンス活動家が彼の政治的挫折をどのように総括すべきかというむずかしさを示している。運動体の人びとも、彼らの社会主義者に対する長きにわたる敵意によって、労働党計画の失敗に無視できない責任の一端を負っている。M・アグュロンは、結局はほんの少数しか結集できなかったレジスタンスはその願望を政治化する方法をもちあわせていなかった、と述べている。「フランス人の生活習慣のなかには古典的な共和制民主主義がしっかりと根をおろしていて、その政党の仕組みは一九四五年においても、無名の英雄たちが作ったさまざまな「委員会」よりも現実にはずっと民衆のあいだに浸透していたのではなかろうか。」

（1）ジャン・ムーランの友人でCNRの書記局長をつとめたピエール・ムニエ氏もその著書で同様の主旨を述べている（参考文献参照）〔訳注〕。

# 訳者あとがき

本書は、Jean-François Muracciole, *Histoire de la résistance en France* (Coll. « Que sais-je? » n°429, P.U.F., Paris, 2004) の全訳である。　第二次大戦期のフランスにおけるナチス・ドイツの侵略支配とその傀儡であるヴィシー政権に抗して英雄的な闘いを展開した民衆の自発的活動を、我々の世代の日本人が「レジスタンス」の名のもとに知るようになったのは、『鉄路の闘い』を嚆矢とする一連の映画作品を通じてではなかったろうか。昭和三〇年前後に、各地で催されたフランス名画祭を彩った作品の多くも、直接、間接の差こそあれ、このテーマを扱っていた。もとよりその全てがこの活動の実像や全貌を伝えていたわけではなく、のちになって幾多の修正がレジスタンス神話に加えられることになるものの、それは「神を信じる者も信じない者も、皆祖国には忠実であった」、とうたった詩人の国に対する憧憬の念を弱めるものではなかった。後年、五月騒動の前後に留学生活を送った訳者がパリの街角のいたるところに、パリ解放の直前に悲運にも敵弾に倒れた青年たちを悼む碑文を見つけたときにもやはりこの詩句が思い出された。市街戦で倒れた戦士は言うに及ばず、ゲシュタポの取調室での言語に絶する拷問の恐怖と苦痛にも耐えて節を貫き、強制収容所で生を終えた無数の人びとがいる。これらの人びとこそ殉国千載を照らす英雄であり、真に愛国者の名に価する人たちである。

あれほど「本土決戦」を怒号しながら、アメリカ占領軍に対してただの一人もそれを敢行しなかった日本人の意識構造から見ると、個人主義に徹し、規律や束縛を嫌うはずのフランス人が自己の生命、財産はもちろん、家族や友人のそれをも危うくするこの活動に自発能動的に参加したことなどは容易には理解しがたい。百年戦争におけるジャンヌ・ダルクの出現そのものが謎であり、その事蹟にも説明不可能な部分が多いように、無名の一大佐の亡命と抵抗への呼びかけもやはり現代史の謎と言わざるを得ないのではないか。

二〇〇四年、パリ解放六十周年を記念して催された各種の行事のおかげで訳者のレジスタンスへの思いは新たになり、本書の訳出を決意するに至った。それには次のようないきさつがある。荊妻の知己である㈱東機貿社長佐多保彦氏(フランス、ブルゴーニュ名誉市民)は、ジャン・ムーランの友人で「全国抵抗評議会」の事務局長をつとめたピエール・ムニエ氏と深い親交を結んでおられた。佐多氏はムニエ氏の著書『我が友、ジャン・ムーラン』に非常な感銘を受けられ、同書を我邦にも紹介すべく尽力されていた。たまたま、愚妻がお手伝いさせていただくこととなり、そのお陰で同書執筆に協力されたムニエ氏の友人モーリス・ヴーテ氏とは十余年のおつき合いになるが、彼は現在「元強制収容所抑留愛国者連盟」(FNDIRP = Fédération nationale des déportés et internés résistants et patriotes)の会長である。同連盟の会員は一万七〇〇〇人、半数は生き残り、残りの半数は物故者遺族とのことである。抵抗運動に関する研究者でもありその分野での著書も多い同氏が訳者への支援、協力を快諾してくれたことが訳者の決心の主因なのである。

一九二五年生まれのモーリス・ヴーテ氏は現在八十三歳で、ディジョンで元気に悠々自適の日々を送っておられる。氏の体験のあらましはほぼ本書に見られる記述どおりである。

「一九四一年、ドイツ軍、ソ連侵入の日(六月二十二日)、伯父の一人が逮捕された。四二年初頭にはドイツ軍の人質に取られていた五人の仲間が銃殺された。「何かしなければ……」との思いにかられて、十七歳の春、友人を通じて国民戦線系の組織に参加した。活動の内容は情報収集と同志勧誘であった（ただし友人の友人までが限界）。同志の一人が逮捕され、氏名が割れたため、一九四四年五月ヴィシーの憲兵隊に逮捕され、ゲシュタポに引渡された。一ヵ月拘留され（その間、取調べは二回だけ）、ダッハウに送られ──輸送途中の死者五四〇人──、四五年四月まで九ヵ月の強制収容所生活を送った。各強制収容所には「コマンド」と呼ばれる付属施設があり、その多くには地下工場が設置されていた。ダッハウはこの「コマンド」の数が最も多く、一六九を数えた。有名なV2ロケットもこのような「コマンド」の一つで作られていた。(1) ハイデルベルク近郊のネカレーズ（Neckarelz）の「コマンド」で地下工場の建設に使役された。ここには二〜三〇〇〇人が収容されており、ドイツ、イタリア、スペイン、オランダ、ベルギー、ポーランド、チェコスロヴァキア、ユーゴスラビア、ノルウェー、ソ連から送られて来た人々が収容されていた。ここで知り合った人たちは皆「素晴らしい仲間」であった。」

（1）同氏著 *Les camps nazis*, des camps sauvages au système concentrationnaire 1933-1945, Paris, Graphein, 1999. 参照。

ヴーテ氏はこの収容所に四五年四月まで抑留されることになるが、ここでもう一人「素晴らしい人」に出会っている。献身的に収容者の面倒を見てくれたドイツ人医師ドクトル・フォーグルがその人で、この医師の人道的配慮のおかげで生きのびられたと氏は述懐している。戦後、高校の歴史、地理の教師となった氏は一九八〇年代にネカレーズの村（現在はモスバッハ村に併合されている）を訪れ、あの時代にあのような立派なドイツ人がいたことを後世に伝えるため、フォーグル医師の名を村の通りに残すようにと村長に要請したところ、「彼は共産党だから駄目だ」と断られたと苦笑いされていた。

第七章で説かれているとおり、「逮捕に続く一連の出来事はほぼ定型化している」。ゲシュタポのすさまじい拷問になど常人が耐えきれるものではなく、せめて同志が身を隠せる時間を稼ぐのが関の山である。それはレジスタンス参加者の共通認識であったようである。しかし、悲しいことに、ときには拷問に屈して転向、寝返って敵のスパイになる裏切者が出ることもある。ヴーテ氏の組織からもこの種の落伍者が一人出て多大の犠牲者を出したという。反対に、氏と仲の良かったユダヤ人（現在フランクフルト在住）の場合は、ひどい拷問の末、パリに移送されたとき脱走に成功したものの、同志に疑われ、あやうく粛清されそうになったとのことである。

「定型化」の反面、レジスタンス参加者各人の個人的経験や所属組織の動向や実態は実に千差万別の様相を呈している。そこでは事実は小説より奇なりと言うしかないような、常識では考えられない出来事が数多く生じていた。それらの体験記や証言はレジスタンス関係の諸書に充満している。

ヴーテ氏個人に関する限り、「自分はまだ運がよかったほうだ」としてその理由を三つ挙げておられる。第一に、担当のゲシュタポが筋金入りではなく人手不足のためにかき集められた連中の一人であったこと（戦後彼はデュッセルドルフの警察署長となる）。第二に、氏は当時ドイツ語が出来なかったので通訳を介しての取り調べであったため、適当な答えを考える時間的余裕があったこと。第三は、氏の名を口にした仲間（収容所で死去）が隣の房にいたので、充分話のつじつまを合わせることが出来たこと、である。

ヴーテ氏をはじめ、レジスタンス活動に関係した人々の話を聞いて感心するのは、個人的怨恨にもとづく発言の欠如である（これは我国の治安維持法で検挙され、特高警察の尋問に耐えた戦前、戦中の“思想犯”についても言える）。それは取りもなおさず、レジスタンス運動の理念が健全で、その理想とするところが高邁であることを示すとともに、その運動に参加した人士の人格の高潔さを反映するものと言えよう。

本書の著者、ジャン＝フランソワ・ミュラシオルはモンペリエ第三大学の現代史の教授（二〇〇六年現在）で、レジスタンス関係史の専門家である。サン＝クルー高等師範学校の出身で、歴史学の教授資格保有者であり、本書執筆当時は同大学の助教授であった。次に紹介する著書のほかにも参考文献で紹介した数多くのレジスタンス関係の大著のなかの分担執筆を担当している。その他、中等教員免状試験の受験者のための歴史、地理の参考書もある。

——*Histoire de la France libre*, 1996.
——*L'ONU depuis 1945*, 1996.
——*Les enfants de la défaite : la Résistance, l'éducation et la culture*, 1998.
——*La France pendant la Seconde guerre mondiale*, 2002.
——*Histoire économique et sociale du XXe siècle*, 2002.
——*Les Français libres : une jeunesse gaulliste*, 2005.
——*L'ONU et la sécurité collective*, 2006.
——*La France au combat : de l'Appel du 18 juin à la victoire*, 2007.

本書の内容の理解を一層たすけ、読者の便に供するため、補遺として次のような項目を加えておいた。著者が作成したものに加筆修正した場合も、訳者の一存で便覧として備えたものもある。

人名索引、参考文献、関連刊行物、関連略年表、名称・略称一覧（運動体・地下組織、政府機関、諸政党、各種団体）、機構一覧、地図である。

人名の表記法は諸書の例を参考にして慣例に従った場合が多いが、原則としては本文中ではファースト・ネームの頭文字を添えて出し、索引でフルネームを記載するように心掛けた。

レジスタンスとその時代が示した諸相を映像で理解するには次のような映画が役立つ。

——ルネ・クレマン『鉄路の闘い』、一九四五年※

——ジャン＝ピエール・メルヴィル『海の沈黙』、一九四八年

——アラン・レネ『夜と霧』、一九五五年

——ルネ・クレマン『パリは燃えているか』、一九六七年

——ジャン＝ピエール・メルヴィル『影の軍隊』、一九六九年※

——マルセル・オフュールス『悲しみと哀れみ』、一九六九年※

——ジョセフ・ロージー『パリの灯は遠く』、一九七六年※

——ルイ・マル『さようなら、子供たち』、一九八七年

※DVDあり

現在、フランス全国には約三〇〇の国公立のレジスタンス記念博物館がある。パリでは、アンヴァリドの隣にある巨大な「フランス解放勲章記念館」、そしてモンパルナス駅の上に「ジャン・ムーランとフィリップ・ルクレール記念博物館」がある。さらにパリ東南部のシャンピニにある「国立レジスタンス記念館」には、五〇万に及ぶ展示資料が収蔵されている。六〇年を経た現在も、それらの博物館の展示品の一つ一つが不惜身命のレジスタンス闘士の気高い勇気とナチス・ドイツの官憲とその手先の暴虐非道ぶりをまざまざと伝えており、見る者をして粛然襟を正さしめる。

ブザンソンの旧要塞を埋めつくす鬼哭啾々たる展示品のなかにあって、ここで銃殺された「十六歳の死刑囚」アンリ・フェルテの遺書は今も読む人の心を打つ（一九四三年九月二十六日）。

「私は祖国のために死ぬのです。自由で幸せなフランスが願いです。思い上がった、世界に冠たるフランスではなく、勤勉で誠実なフランスです。お父さん、祈ってください。私が死んでも、どうかそれ

は私にとってよかったのだと思ってください。このようにして死ぬ以上に名誉のある死に方はありましょうか」。「神を信じていた」らしいこの少年は家族四人との天国での再会を約し、弟を厳しく躾けるよう言い残し、いかにもフランス人らしく、「綴字や文法上の間違いがあってもお許しください。読み返す時間がありませんので」、と断っている。しかし従容と死を迎える気丈なこの少年も最後の一行には彼の心緒を察するに余りあることばを記している。「それでもやはり死ぬのはつらいものです」

**Maurice Voutey** 氏には実にいろいろなことを教えてもらった。訳者の初歩的な疑問や質問にも懇切な教示を賜り、御厚情の程有難くここに特記して深謝の意を表したい。いつものことながら、白水社編集部中川すみ氏には今回も多大の御助勢を頂き、感謝にたえない。

二〇〇八年六月

福本直之

フランス解放勲章を授与された六名の女性の一人、
民俗学者ジェルメーヌ・ティリオン女史、百壱歳の訃に接して。

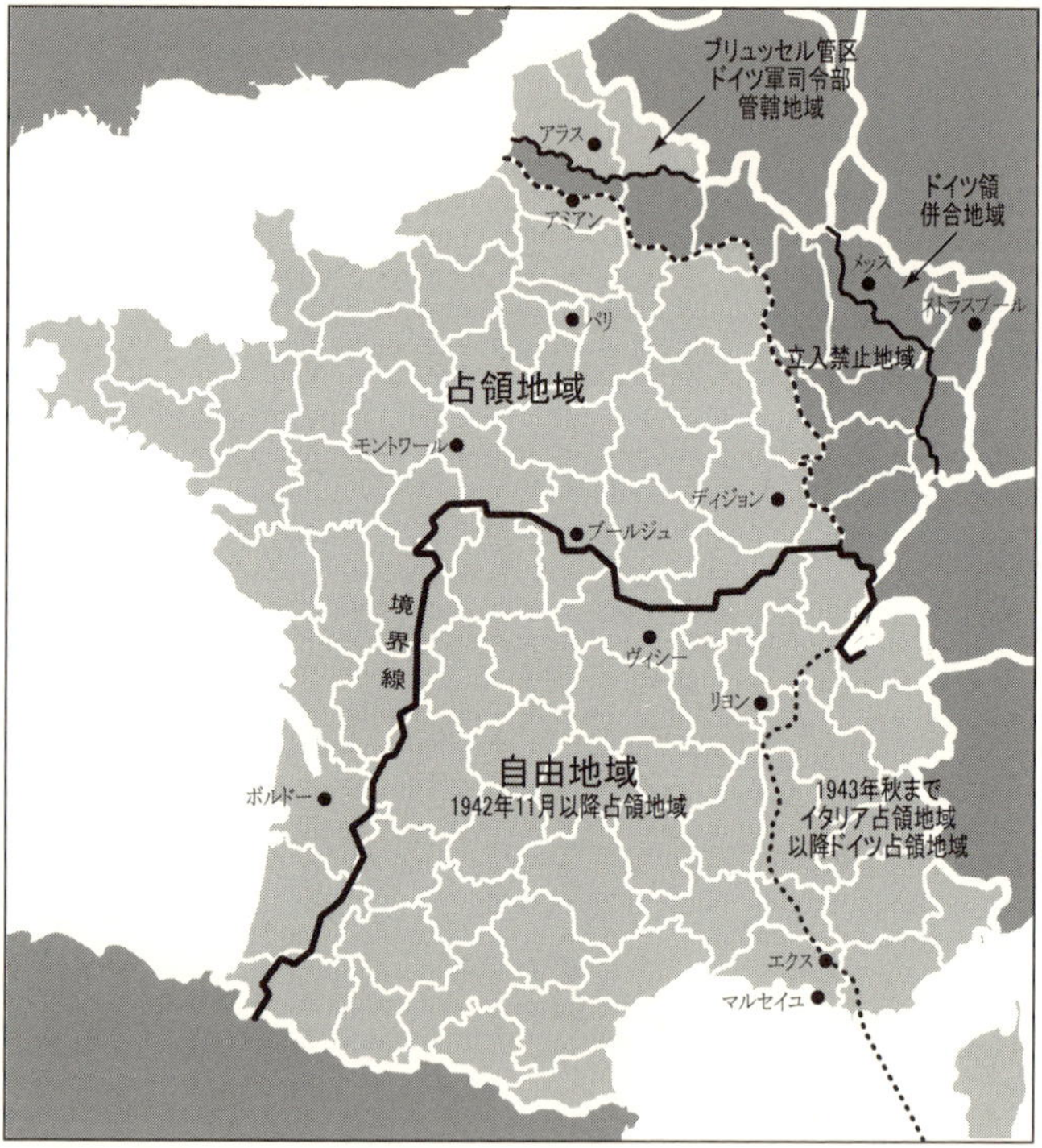


ドイツ占領下のフランス（1940 ～ 1944 年）

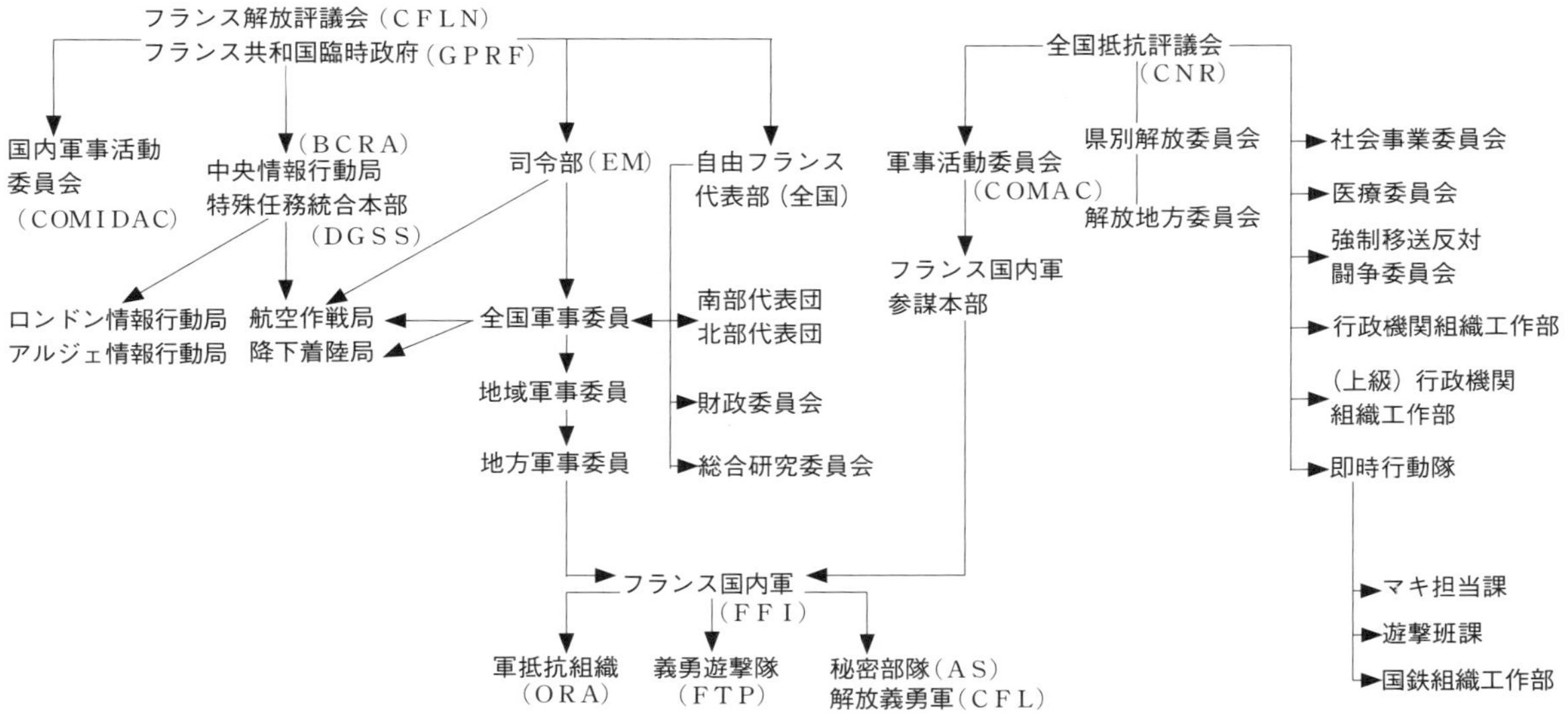
フランス解放評議会（CFLN）
フランス共和国臨時政府（GPRF）
国内軍事活動委員会（COMIDAC）
（BCRA）
中央情報行動局
特殊任務統合本部（DGSS）
司令部（EM）
自由フランス代表部（全国）
ロンドン情報行動局
アルジェ情報行動局
航空作戦局
降下着陸局
全国軍事委員
南部代表団
北部代表団
地域軍事委員
財政委員会
地方軍事委員
総合研究委員会
全国抵抗評議会（CNR）
県別解放委員会
解放地方委員会
軍事活動委員会（COMAC）
フランス国内軍参謀本部
社会事業委員会
医療委員会
強制移送反対闘争委員会
行政機関組織工作部
（上級）行政機関組織工作部
即時行動隊
マキ担当課
遊撃班課
国鉄組織工作部
フランス国内軍（FFI）
軍抵抗組織（ORA）
義勇遊撃隊（FTP）
秘密部隊（AS）
解放義勇軍（CFL）

レジスタンス機構一覧（１９４４年）

## 文庫クセジュ

### 語学・文学

28 英文学史
185 スペイン文学史
223 フランスのことわざ
258 文体論
266 音声学
407 ラテン文学史
453 象徴主義
466 英語史
489 フランス詩法
514 記号学
526 言語学
534 フランス語史
538 英文法
579 ラテンアメリカ文学史
598 英語の語彙
618 英語の語源
646 ラブレーとルネサンス
690 文字とコミュニケーション
706 フランス・ロマン主義
711 中世フランス文学
712 意味論
714 十六世紀フランス文学
716 フランス革命の文学
721 ロマン・ノワール
729 モンテーニュとエセー
730 ボードレール
741 幻想文学
753 文体の科学
774 インドの文学
776 超民族語
777 文学史再考
784 イディッシュ語
788 語源学
800 ダンテ
817 ゾラと自然主義
822 英語語源学
829 言語政策とは何か
832 クレオール語
833 レトリック
838 ホメロス
839 比較文学
840 語の選択
843 ラテン語の歴史
846 社会言語学
855 フランス文学の歴史
868 ギリシア文語
873 物語論
901 サンスクリット

## 文庫クセジュ

812 ポエニ戦争
813 ヴェルサイユの歴史
814 ハンガリー
815 メキシコ史
816 コルシカ島
819 戦時下のアルザス・ロレーヌ
823 レコンキスタの歴史
825 ヴェネツィア史
826 東南アジア史
827 スロヴェニア
828 クロアチア
831 クローヴィス
834 プランタジネット家の人びと
842 コモロ諸島
853 パリの歴史
856 インディヘニスモ
857 アルジェリア近現代史
858 ガンジーの実像
859 アレクサンドロス大王
861 多文化主義とは何か

864 百年戦争
865 ヴァイマル共和国
870 ビザンツ帝国史
871 ナポレオンの生涯
872 アウグストゥスの世紀
876 悪魔の文化史
877 中欧論
879 ジョージ王朝時代のイギリス
882 聖王ルイの世紀
883 皇帝ユスティニアヌス
885 古代ローマの日常生活
889 バビロン
890 チェチェン
896 カタルーニャの歴史と文化
897 お風呂の歴史
898 フランス領ポリネシア
902 ローマの起源
903 石油の歴史
904 カザフスタン
906 フランスの温泉リゾート

911 現代中央アジア
913 フランス中世史年表
915 クレオパトラ
918 ジプシー

## 文庫クセジュ

### 歴史・地理・民族（俗）学

18 フランス革命
62 ルネサンス
79 ナポレオン
116 英国史
133 十字軍
160 ラテン・アメリカ史
191 ルイ十四世
202 世界の農業地理
297 アフリカの民族と文化
309 パリ・コミューン
338 ロシア革命
351 ヨーロッパ文明史
382 海賊
412 アメリカの黒人
418〜421 年表世界史
428 宗教戦争
446 東南アジアの地理
454 ローマ共和政
491 アステカ文明
506 ヒトラーとナチズム
530 森林の歴史
536 アッチラとフン族
541 アメリカ合衆国の地理
557 ジンギスカン
566 ムッソリーニとファシズム
568 ブラジル
586 トルコ史
590 中世ヨーロッパの生活
597 ヒマラヤ
602 末期ローマ帝国
604 テンプル騎士団
615 ファシズム
636 メジチ家の世紀
648 マヤ文明
660 朝鮮史
664 新しい地理学
665 イスパノアメリカの征服
684 ガリカニスム
689 言語の地理学
705 対独協力の歴史
709 ドレーフュス事件
713 古代エジプト
719 フランスの民族学
724 バルト三国
731 スペイン史
732 フランス革命史
735 バスク人
743 スペイン内戦
747 ルーマニア史
752 オランダ史
755 朝鮮半島を見る基礎知識
760 ヨーロッパの民族学
766 ジャンヌ・ダルクの実像
767 ローマの古代都市
769 中国の外交
782 カンボジア
790 ベルギー史
791 アイルランド
810 闘牛への招待

訳者略歴
福本直之（ふくもと・なおゆき）
一九三九年生まれ
京都大学大学院文学研究科博士課程修了
パリ大学文学博士
フランス中世文学、語学専攻
日本文体論学会常任理事
国際動物叙事詩学会名誉会長
主要訳書
アシル・リュシェール『フランス中世の社会』（東京書籍）
レジーヌ・ペルヌー『ジャンヌ・ダルク』（東京書籍）
『狐物語』（共訳、白水社）
『狐物語2』（共訳、渓水社）
ジャン・ラスパイユ『教皇正統記』（東洋書林）
アラン・サン＝ドニ『聖王ルイの世紀』（白水社文庫クセジュ八八二番）
テレーズ・シャルマソン『フランス中世史年表』（白水社文庫クセジュ九一三番）

フランス・レジスタンス史

二〇〇八年六月二五日 印刷
二〇〇八年七月二〇日 発行

訳者 © 福本直之
発行者 川村雅之
印刷所 株式会社 平河工業社
発行所 株式会社 白水社
東京都千代田区神田小川町三の二四
電話 営業部〇三（三二九一）七八一一
編集部〇三（三二九一）七八二一
振替 〇〇一九〇—五—三三二二八
郵便番号一〇一—〇〇五二
http://www.hakusuisha.co.jp
乱丁・落丁本は、送料小社負担にてお取り替えいたします。

製本：平河工業社
ISBN978-4-560-50925-8
Printed in Japan

# 人名索引

## ア行

アイゼンハワー，ドワイト　Dwight Eisenhauer　51, 120, 144, 146, 149, 151
アヴィナン，アントワーヌ　Antoine Avinin　33, 34, 67
アヴリーヌ，クロード　Claude Aveline　12, 94
アグュロン，モーリス　Maurice Agulhon　158
アシャリ，アンドレ　André Achiary　50, 51
アトラン　E. Atlan　50
アブラアム，ピエール　Pierre Abraham　94
アプリアル，ジャン=マリ　Jean-Marie Abrial　48
アブルケル，ジョゼ　José Aboulker　50, 52
アムールー，アンリ　Henri Amouroux　121
アモーリ，エミリアン　Emilien Amaury　97
アモン，ジャック　Jacques Hamon　37
アラゴン，ルイ　Louis Aragon　95, 96, 135
アラテルヌ，ロベール　Robert Alaterne　101
アリジ，ポール　Paul Arrighi　38
アルディ，ルネ　René Hardy　130
アルテュイ，ジャック　Jacques Arthuys　39, 94, 124
アルトマン，ジョルジュ　Georges Altman　34
アルファン　L. Alphand　133
アルブレクト，ベルティ　Berty Albrecht　12, 31, 124
アロン，レモン　Raymond Aron　22
アングラン，アンリ　Henry Ingrand　38, 62
アンティエ，ポール　Paul Antier　15
ヴァイヤン　L. Vaillant　34
ヴァラン，シャルル　Charles Vallin　76
ヴァラン，マルシアル　Martial Valin　17
ヴァルネ，フェルナン　Fernand Valnet　113
ヴァレット=ドジア，ジャン　Jean Valette-d'Osia　106
ヴァレリ=ラルボ　P. Valléry-Larbot　71
ヴァロワ，ジョルジュ　Georges Valois　33, 39, 124
ヴァロン，ルイ　Louis Vallon　40, 86
ヴァン・ヴォルピュト，アルベール　Albert Van Wolput　40
ヴァン・ネッケ，アルフォンス　Alphonse Van Hecke　51, 53, 56
ヴィアネ，フィリップ　Philippe Viannay　36
ヴィエノ，ピエール　Pierre Viénot　32, 33, 86
ヴィヨン，ピエール　Pierre Villon（ロジェ・ジャンスベルジェ Roger Ginsberger の変名）　41, 67 - 69, 72, 83, 107, 140
ヴィルヴュー　Villevieux（dames de）　126
ヴィルデ，ボリス　Boris Vildé　12, 121
ヴィロル　P. Virol　97
ヴェイガン，マクシム　Maxime Weygand　8, 15, 49, 51
ヴェイル=キュリエル，アンドレ　André Weil-Curiel　12
ヴェディ，ジルベール　Gilbert Védy

38, 62, 83
ヴェルコール　Vercors（ジャン・ブリュレル Jean Brullerの筆名）　95
ヴェルディエ，フランソワ　François Verdier　85
ヴェルノ，ジャン=エドゥアール　Jean-Edouard Verneau　105, 106
ヴォギュエ，ジャン・ド　Jean de Vogüé　38, 72, 83, 107
ヴォメクール，ピエール・ド　Pierre de Vomécourt　99, 100, 102
ウズリアス，アルベール　Albert Ouzoulias　27, 80, 81
ウーダン，ジャック　Jacques Oudin　36
エティエンヌ・ドルヴ，オノレ・ド　Honoré d'Estienne d'Orves　60
エナフ，ジェルメーヌ　Germaine Hénaff　81
エブーエ，フェリックス　Félix Eboué　16
エプシュテン，ジョセフ　Joseph Epstein　81, 82
エベール，ジャック　Jacques Hébert　44
エマニュエル，ピエール　Pierre Emmanuel　135
エリ，ポール　Paul Ely　71, 109
エリオ，エドゥアール　Edouard Herriot　76, 150
エリュアール，ポール　Paul Eluard　95
エルヴェ，ピエール　Pierre Hervé　86
エルスター　gén. Elster　147
オーク，アンリ　Henry Hauck　15, 86, 133
オーディベール　gén. Audibert　40
オードリ　E. Haudry　20
オドン，イヴォンス　Yvonnc Oddon　12
オバン，ニコラ　Nicolas Hobam　37
オーブラック，リュシー　Lucie Aubrac　114
オーブラック，レモン　Raymond Aubrac　32, 86, 106, 111
オーブリ，アンリHenri Aubry　12, 111
オーベルク，カール　Karl Oberg　128, 129
オベルレ，ジャン　Jean Oberlé　19
オリオル，ヴァンサン　Vincent Auriol　85
オーリュー，アンドレ　André Hauriou　133, 139

## カ行

カヴァイエス，ジャン　Jean Cavaillès　32, 40, 101, 121
ガヴォー，アルベール　Albert Gaveau　130
カザノヴァ，ダニエル　Danielle Casanova　81
カサン，ルネ　René Cassin　15, 17, 22, 133
ガジエ，アルベール　Albert Gazier　40, 90
カスー，ジャン　Jean Cassou　12, 34, 94, 95
カタラ，ジャン　Jean Cathala　133
カトルー，ジョルジュ　Georges Catroux　15, 56
カピタン，ルネ　René Capitant　11, 50, 53, 57, 133, 140, 156
カルカソンヌ，ロジェ　Roger Carcassonne　50, 52
カルテンブルンナー，エルンスト　Ernst Kaltenbrunner　128
カレ，マチルド　Mathilde Carré　130
カレル，アンドレ　André Carrel　74
ガロー，ピエール　Pierre Garreau　37
カンギレム，ジョルジュ　Georges Canguilhem　33
ガングァン，ジョルジュ　Georges Guingouin　27, 115, 117, 147
グアン，フェリックス　Félix Gouin　22, 32, 35, 58, 78, 85, 86, 133

クイユ，アンリ　Henri Queuille　57, 78
クーヴ・ド・ミュルヴィル，モーリス　Maurice Couve de Murville　57
クヌー，ダヴィド　David Knout　123
クラヴィエ，ノエル　Noël Clavier　34
クラーク，マーク　Mark Clark　52
グラネ，マリ　Marie Granet　122, 123
グランヴァル　col. Granval　37
クリーゲル=ヴァルリモン，モーリス　Maurice Kriegel-Valrimont　72, 106
クルタン，ルネ　René Courtin　31, 121
グルニエ，フェルナン　Fernand Grenier　57, 58, 78, 82, 148
クロゾン，フランシス=ルイ　Francis-Louis Closon　71, 73
クロディウス　Claudius（ユージェーヌ・プティ Eugène Petitの暗号名）　34
クーロドン，エミール　Emile Coulaudon　117, 120
ゲエノ，ジャン　Jean Guehenno　95
ゲドン，ロベール　Robert Guédon　12, 30, 38
ケーニグ，ピエール　Pierre Koenig　15, 84, 100, 109, 112, 120, 144, 151
ゲ，フランシスク　Francisque Gay　77
ケフレール，ポール　Paul Koepfler　113
ケリリス，アンリ・ド　Henri de Kerillis　19
ケレール，ロベール　Robert Keller　103
ココアン，ロジェ　Roger Coquoin　38, 67, 83
コシェ，ガブリエル　Gabriel Cochet　10, 43, 94, 109
コスト=フロレ，アルフレッド　Alfred Coste-Floret　30, 31, 121
ゴセ，ジャン　Jean Gosset　130
ゴダール，ジュスタン　Justin Godart　41
コポー，パスカル　Pascal Copeau　66, 68, 83, 156
コメール，ピエール　Pierre Comert　22
コラン　A. Colin　88, 89
コルヴァル，ピエール　Pierre Corval　96
コルソン　col. Colson　10
ゴルテ　Gortais　35
コルディエ，ダニエル　Daniel Cordier　71
コルティッツ，ディートリッヒ・フォン　Dietrich von Choltitz　131, 151
コレアール，ジュール　Jules Corréard　10, 94
ゴンボー，ジョルジュ　Georges Gombault　22

## サ行

サイヤン，ルイ　Louis Saillant　67, 68, 90, 92
ザウケル，フリッツ　Fritz Sauckel　82
ザラポフ　col. Zarapoff　41
サルトル，ジャン=ポール　Jean-Paul Sartre　36, 95
サルモン，ロベール　Robert Salmon　36
サン=タルドゥアン　T. de Saint-Hardouin　50
サント=ラグエ，アンドレ　André Sainte-Lagüé　39
サンニエ，マルク　Marc Sangnier　97
ジナ　col. Ginas　38, 39
シモネ　Simonnet　88, 89
シモン，ジャック=アンリ　Jacques-Henri Simon　39, 67
シャイエ，ピエール　Pierre Chaillet　11, 35, 72, 123, 134
ジャキノ，ルイ　Louis Jacquinot　76
シャテル，イヴ　Yves Châtel　53
シャトネ，ヴィクトール　Victor Chatenay　37
シャバン=デルマス，ジャック　Jacques Chaban-Delmas　71, 109, 112
シャル　gén. Challe　40

シャルパンティエ，ジャック　Jacques Charpentier　136
ジャンケレヴィッツ，ヴラディミール　Vladimir Jankélévitch　34
ジャンスベルジェ，ロジェ　Roger Ginsberger　41
ジュアン，アルフォンス　Alphonse Juin　108
シュヴァリエ，アンリ　Henri Chevalier　97
シュヴァンス，モーリス　Maurice Chevance　11, 31, 61, 83, 121
ジュヴェナル，マックス　Max Juvénal　61
シュヴリエ，ロジェ　Roger Chevrier　71
シュヴロ　mgr. Chevrot　41
ジュオー，レオン　Léon Jouhaux　32, 45, 90, 92
ジュース，ジェルメン　Germain Jousse　49, 51
シュネーデル，カミーユ　Camille Scheneider　94
ジュビノ，アルベール　Albert Jubineau　12
シューマン，モーリス　Maurice Schumann　20, 133
ジュルジャンサン，ジャン=ダニエル　Jean-Daniel Jurgensen　36
ジェフロワキン，ジュール　Jules Jefroykin　123
ジェローム　Jérome（ミシェル・ブロー Michel Braultの変名）　31, 106
ジョアンヴィル　Joinville（アルフレッド・マルレ Alfred Malleretの変名）　61
ジヨ，オーギュスト　Auguste Gillot　67
ジョクス，ルイ　Louis Joxe　50
ジョセフ　Joseph（エドゥアール・ドリュモン Edouard Drumontの変名）　62
ショータン，カミーユ　Camille Chautemps　19
ジョルジュ=ファビアン，ピエール　Pierre Georges-Fabien　80, 81, 115
ジョング，エティエンヌ・ド　Etienne de Jonghe　26
ジルネルド，ジュール　Jules Zirnheld　90
ジロー，アンリ　Henri Giraud　22, 51 - 59, 82, 106, 108
スーステル，ジャック　Jacques Soustelle　17, 20, 108, 120, 127, 144, 145, 148
スターリン　Staline　28, 45, 78, 80, 81, 154, 155
ステファン，ロジェ　Roger Stéphane　77
スティブ，ピエール　Pierre Stibbe　34
ストスコフ，ジャック　Jacques Stosscopf　103
スピナス，シャルル　Charles Spinasse　84
スーラジュ，ロベール　Robert Soulage　115
ゼ，ジャン　Jean Zay　8, 76
セマール，ピエール　Pierre Sémart　92
ゼラファ，ジョルジュ　Georges Zérapha　32
セリュール，クロード　Claude Serreulles　70, 71
セルヴェ　Servais　108
ソージェ，アンドレ　André Sauger　96
ソーラン，ポール　Paul Saurin　53
ソロモン，ジャック　Jacques Solomon　27

## タ行

ダスティエ・ド・ラ・ヴィジュリ，アンリ　d'Astier de la Vigerie, Henri　50, 52, 53, 156
ダスティエ・ド・ラ・ヴィジュリ，エマ

ニュエル　Emmanuel　22, 32, 33, 57, 61, 63, 77, 86, 90, 116, 121
ダビド，フェルナン　Fernand David　128
ダラディエ，エドゥアール　Edouard Daladier　20, 23, 26, 78, 91
ダリデ，アルテュール　Arthur Dallidet　81
ダルナン，ジョセフ　Joseph Darnand　129
ダルラン，フランソワ　François Darlan　35, 44, 49, 52 - 55, 91
チトー，ヨシフ　Josif Tito　81
チャーチル，ウィンストン　Winston Churchill　18, 56, 99, 155
デイス，レモン Raymond Deiss　10, 94
ティクサドール，アルバン　Albin Tixador　31
ティクシエ，アドリアン　Adrien Tixier　86
ディテルム，アンドレ　André Diethelm　17, 57
ティヨン，シャルル　Charles Tillon　27, 80, 81, 126, 148
テクシエ，ジャン　Jean Texcier　10, 40, 85, 86
デグリアム，マルセル　Marcel Degliame　31, 66, 83, 91, 106, 107, 124
テシエ，ガストン Gaston Tessier　40, 67, 89, 90, 93
デストレ, ジャック　Jacques Destrée（マルセル・ルネ Marcel Renet の変名）　36
テートジェン，ピエール=アンリ　Pierre-Henri Teitjen　11, 30, 31, 88, 94, 135
デリュモ，マルタ　Martha Desrumaux　24
テールノワール，ルイ　Louis Terrenoire　89, 135
デュクロ，モーリス　Maurice Duclos　24, 25, 82, 154
デュシェーヌ，ジャック　Jacques Duchesne（ミシェル・サン=ドニ Michel Saint-Denisの変名）　19
デュノワイエ・ド・スゴンザック，アンドレ André Dunoyer de Segonzac　46
デュムーラン，ジョルジュ　Georges Dumoulin　89
デュメ，ナタリス　Natalis Dumez　13
デュモン，ジュール　Jules Dumont　81
ドヴァヴラン，アンドレ　André Dewavrin　21
トゥーニ，アルフレッド　Alfred Touny　39, 65, 83, 121
トゥミム，エミル　Emile Temime　50
ドクール，ジャック　Jacques Decour　27, 81, 95
ドジャン，モーリス Maurice Dejean　17
ドジュシュー，ピエール　Pierre Dejussieu
ド・ジョング，アンドレ　103
ドーゼ，フリードリヒ　Friedlich Dohse　128
ドバルジュ，シャルル　Charles Debarge　80, 81
ドビュ=ブリデル，ジャック　Jacques Debû-Bridel　41, 67
ドフェール，ガストン　Gaston Deferre　35, 85, 102
ドブレ，ミシェル　Michel Debré　136
ドボーマルシェ，エドモン　Edmond Debeaumarché　126
トマ，アルベール　Albert Thomas　85
トマ，ユージェーヌ　Eugène Thomas　35
ドムナック，ジャン=マリ　Jean-Marie Domenach　35
トランタン，シルヴィオ Sylvio Trentin　34
ドリオ，ジャック　Jacques Doriot　31
トリオレ，エルザ　Elsa Triolet　95
ドリュ，ジルベール　Gilbert Dru　35, 88, 89, 153

ドリュモン, エドゥアール Edouard Drumont 62
トルイエ, ピエール Pierre Trouillé 127
トレ, アンドレ André Tollet 74, 92
トレアン, モーリス Maurice Tréand 24
トレーズ, モーリス Maurice Thorez 24, 27, 154, 155
ドレストラン, シャルル Charles Delestraint 61 - 64, 106, 108, 111, 130
ドン, ジャック Jacques Dhont 31, 61

## ナ行

ヌートゥール, ジュール Jules Noutour 13, 121
ヌーメイエール, ピエール Pierre Neumeyer 92
ネグル, モーリス Maurice Nègre 127
ノゲス, シャルル=オーギュスト Charles-Auguste Noguès 15, 48, 52, 53, 57
ノゲール, アンリ Henri Noguères 119, 126, 127
ノシェ, ジャン Jean Nocher 34, 35
ノルトリンク, ラウール Raoul Nordling 151
ノルマン, レオン=モーリス Léon-Maurice Nordmann 12

## ハ行

バイエ, アルベール Albert Bayet 35
パイヨル, ポール Paul Paillole 108
パシ Passy（アンドレ・ドヴァヴラン André Dewavrinの暗号名） 21, 62, 108, 111
バスティド, ポール Paul Bastid 67, 76, 88, 135
バックマスター, モーリス Maurice Buckmaster 21, 99
パットン, ジョージ George Patton 146
バラシャン Barrachin 76
バルビ, クラウス Klaus Barbie 128
バレイス C. Bareiss 37
パレヴスキ, ガストン Gaston Palewski 15
バレル, ヴィルジル Virgile Barel 58
パロック, フェルディナン Ferdinand Paroc 31
パロディ, アレクサンドル Alexandre Parodi 70, 71, 135, 151
バロ, マドレーヌ Madeleine Barot 113, 123
バンシク, オルガ Olga Bancic 131
バンジャン, ジャック Jacques Bingen 70 - 72, 112
パントン, オーギュスト Auguste Pinton 34
ピヴェール, マルソー Marceau Pivert 12, 34, 44
ビドー, ジョルジュ Georges Bidault 31, 41, 61, 67 - 69, 78, 88, 89, 96, 121, 124, 153
ヒトラー, アドルフ Adolf Hitler 20, 28, 42, 44, 49, 78, 80, 131, 151
ピノー, クリスティアン Christian Pineau 22, 40, 62, 85, 86, 90, 92, 101,
ピノー, モーリス Maurice Pinot 122
ビュイソン, ジョルジュ Georges Buisson 32
ビュイソン, スザンヌ Suzanne Buisson 85, 90
ピュオー, ガブリエル Gabriel Puaux 15

ビユー，ジャック　Jacques Billoux　57, 58, 82
ピュシュー，ピエール Pierre Pucheu　128
ビュルガール，レモン　Raymond Burgard　10
ビュロン，ロベール　Robert Buron　89
ビヨット，ピエール　Pierre Billotte　120
ファジョン，エティエンヌ　Etienne Fajon　58
ファルジュ，イヴ　Yves Farge　34, 41, 115, 148
フィリップ，アンドレ　André Philip　17, 22, 57, 58, 78, 86, 133
ブーヴ=メリ，ユベール　Hubert Beuve-Méry　135
フェ，レオン　Léon Faye　99
フォシヨン，アンリ　Henri Focillon　134
フォール，ポール　Paul Faure　84, 85
フォルグ，ジュリアン Julien Forgues　32, 33
フーシェ　Fouché（マルセル・デグリアム Marcel Degliameの変名）　106
フーシェ，クリスティアン　Christian Fouchet　15
フーシェ，マックス=ポール　Max-Pol Fouchet　95
プティ，ユージェーヌ　Eugène Petit　34, 67, 154, 156
ブーティリエ，イヴ　Yves Bouthillier 8
ブナン，ジャック　Jacques Bounin　41
ブノワ，ルイ・ド Louis de Benoist　20
プーポ，テオ　Théo Poupot　37
フュジェール，マリ=ガブリエル　Marie-Gabriel Fugère　34
フュメ，スタニスラス　Stanislas Fumet　11, 134
ブライヒャー，ヒューゴー　Hugo Bleicher　128
フラション，ブノワ　Benoît Frachon　24, 26, 82, 91
フラダン，ルイ　Louis Fradin　50
プラボン，アンドレ André Pelabon　108
フランダン，ピエール=エティエンヌ　Pierre-Etienne Flandin　76
フリードマン，ジョルジュ　Georges Friedmann　34
プリュヴォ，エルネスト　Ernest Pruvost　126
フリューレ　Fleuret　101
プルヴァン，ルネ　René Pleven　15 - 17, 57, 134, 156
フルカド，マリ=マドレーヌ　Marie-Madeleine Fourcade　99, 100, 122
フルコー，ピエール　Pierre Fourcaud　35, 60, 101, 102
プールタレ，アンリ Henri Pourtalet　82
フルネ，アンリ　Henri Frenay　10, 11, 22, 30, 31, 33, 38, 41, 43, 46, 57, 61, 63 - 65, 97, 115, 121, 124, 127, 129, 136, 153, 156 - 158
フレデリック　Frédéric（アンリ・マネス Henri Manhèsの変名）　62
フレール，オーベール　Aubert Frère　106
プレ，ローラン　Roland Pré　71
フロジェ，アメデ　Amédée Froger　53
フロマン，ピエール・ド　Pierre de Froment　30, 38, 85
フロリ，ジャン　Jean Flory　89
フロワドヴァル　Froideval　89
ブーラドゥー，モーリス　Maurice Bouladoux　90
ブラン，ルネ　René Belin　45, 89
ブリュイヤック，ジャン　Jean Breuillac　50
ブリュレ　M. Brulé　27
ブリュレル，ジャン　Jean Bruller　95
ブルグアン，ジョルジュ　Georges

Bourgouin 145
ブルジェス=モーヌリ，モーリス Maurice Bourgès-Maunoury 71, 109
ブールダン，ピエール Pierre Bourdan 19
ブールデ，クロード Claude Bourdet 12, 31, 41, 66, 73, 83, 124, 127, 136, 157
ブールトゥーミュ P. Bourthoumieux 127
ブルム，レオン Léon Blum 22, 78, 84
ブルンシュヴィク，ジャック Jacques Brunschwig 32, 33
ブロソレット，ピエール Pierre Brossolette 11, 22, 40, 62, 66, 70, 72, 85, 86, 111
ブロック，ピエール Pierre Bloch 22, 86
ブロック，マルク Marc Bloch 61
ブロック=マスカール，マクシム Maxime Blocq-Mascart 39, 65, 67, 68
ブロック=レネ F. Bloch-Lainé 71
ブロー，ミシェル Michel Brault 31, 106, 115, 116
ブロンクール，エリー Elie Bloncourt 85
ベイエール，ジョルジュ Georges Beyer 81
ペイルートン，マルセル Marcel Peyrouton 15, 54, 57
ペギー，シャルル Charles Péguy 35
ペジュ，エリー Elie Péju 33, 34
ペタン，フィリップ Philippe Pétain 7 - 11, 13 - 15, 17, 29, 35, 42 - 44, 46 - 50, 52, 53, 55, 56, 66, 69, 76, 78, 81, 84, 89, 91, 134
ペック，マルセル Marcel Peck 31, 61
ベトゥアル，アントワーヌ Antoine Béthouart 51, 52
ベヌヴィル，ピエール Pierre Bénouville 99, 102, 124
ベランジェ，クロード Claude Bellanger 13, 94
ペラン，フランソワ François Perrin 134
ペリ，ガブリエル Gabriel Péri 27
ベルカイム，カッドゥール Kaddour Belkaim 49
ベルジュレ，ジャン=マリ Jean-Marie Bergeret 53, 55
ベルジュロ Bergerot（soeurs de） 126
ペルラン，ルイ Louis Pellerin 37
ポアンブフ，マルセル Marcel Poimboeuf 33, 45
ボトロー，ロベール Robert Bothereau 92
ボニー，ジャック Jacques Bonny 129
ボニエ・ド・ラ・シャペル，フェルナン Fernand Bonnier de La Chapelle 54
ボーフル，アンドレ André Beaufre 49
ポミエス，アンドレ Andrée Pommiès 106
ボーメル，ジャック Jacques Baumel 61, 156
ポーラン，ジャン Jean Paulhan 12
ボリエ，アンドレ André Bollier 31, 97, 98
ボリス，ジョルジュ Georges Boris 15, 22, 85, 86
ポリツェール，ジョルジュ Georges Politzer 27, 81, 95
ポール，マルセル Marcel Paul 27
ボレール，エミール Emile Bollaert 70
ポロンスキ，アヴラハム Avraham Polonski 123
ボワソン，ピエール Pierre Boisson 15, 16, 53

ポンス，ユージェヌ　Eugène Pons　97
ボンタン　Bontemps　92

## マ行

マイエ，ジャック　Jacques Maillet　71
マイエール，ダニエル Daniel Mayer　67, 84, 85, 87
マイエール，ルネ　René Mayer　55
マシリ，ルネ　René Massigli　17
マスト，シャルル　Charles Mast　52
マニュエル，アンドレ André Manuel　108
マヌーシアン，ミサク　Missak Manouchian　131
マネス，アンリ　Henri Manhès　62
マーフィ，ロバート　Robert Murphy　49, 51, 52
マラン，ジャン　Jean Marin　20
マラヌ，ジョルジュ　Georges Marrane　28
マラン，ルイ　Louis Marin　41, 76 - 78
マリタン，ジャック Jacques Maritain　134
マルシャル，ピエール Pierre Marchal　109
マルジョラン，ロベール　Robert Marjolin　133
マルティ，アンドレ　André Marty　24
マルティネ，ジョゼフ　Joseph Martinet　97
マルトリュド，ジャン Jean Maltrud　37
マルレ，アルフレッド　Alfred Malleret　61, 83, 108
マンジャン，ルイ=ユジェーヌ　Louis-Eugène Mangin　109
マンシオン，ジャック　Jacques Mansion　60
マンデス=フランス，ピエール　Pierre Mandès-France　8, 22, 57, 76, 78
マンデル，ジョルジュ　Georges Mandel　22
マンドゥーズ，アンドレ　André Mandouze　35, 88
マントン，フランソワ・ド　François de Menthon　11, 30, 31, 43, 57, 64, 88, 94, 121, 124, 133, 135
ミシュレ，エドモン　Edmond Michelet　11, 61, 124
ミシュレ，ジュール　Jules Michelet　31, 94
ミシェル，アンリ Henri Michel　100, 105, 138
ミシェル=レヴィ，シモーヌ　Simone Michel-Lévy　126
ミッチェル　lieut. Mitchell　101
ミッテラウゼ，ユジェーヌ　Engène Mittelhauser　15
ミッテラン，フランソワ　François Mitterrand　122, 156
ミュズリエ，エミール　Emile Muselier　15, 17, 22, 54
ミュテル，アンドレ André Mutter　67
ミュリエ，ジャック=イヴ　Jacques-Yves Mulliez　38
ミュルトン，ジャン Jean Multon　130
ムーニエ，エマニュエル　Emmanuel Mounier　35, 134
ムーニエ，ロラン　Roland Mounier　50
ムーラン，ジャン　Jean Moulin　9, 10, 60 - 63, 65, 68, 70, 79, 90, 102, 111, 116, 122, 127, 130, 135, 158, 159
メディオニ　G. Médioni　20
メデリック　Médéric（ジルベール・ヴェディ Gilbert Védy の変名）　38, 62
メルシエ，アンドレ André Mercier　67
毛沢東　81
モック，ジュール　Jules Moch　34, 77, 133, 141
モネ，ジャン　Jean Monnet　19, 54, 55, 57
モラール，モーリス　Maurice Mollard

129
モラン，エドガー　Edgar Morin　106, 111
モランダ，イヴォン　Yvon Morandat　32, 60, 71, 90
モーリャック，フランソワ　François Mauriac　96, 146
モルパン，ジェラール Gérard Morpain　37
モレル，テオドーズ　Théodose Morel　117, 119
モンサベール，ジョセフ・ド・ゴワラール・ド　Joseph de Goislard de Montsabert　149
モンス　Mons　73
モンターニュ，フレデリック　Frédéric Montagne　88

ヤ行

ユエ，フランソワ　François Huet　117, 148
ユルトー，アルフレッド　Alfred Heurteaux　12, 39, 62

ラ行

ラヴァル，ピエール　Pierre Laval　8, 35, 44, 46, 47, 81, 150
ラクロワ（暗号名）Lacroix　31
ラコスト，ロベール　Robert Lacoste　32, 33, 40, 71, 77, 90, 135
ラディソン，ロジェ　Roger Radisson　134
ラニエル，ジョゼフ　Joseph Laniel　66, 67, 69, 76, 78, 135
ラバルト，アンドレ　André Labarthe　22, 54
ラ・バルドニ，ルイ・ド　Louis de La Bardonnie　11, 101, 124
ラピ，ピエール=オリヴィエ　Pierre-Olivier Lapie　15
ラフォン，アンリ　Henri Lafont　129
ラフォン，エミール　Emile Laffon　71
ラマディエ，ポール　Paul Ramadier　135
ラランドル　Lalandre　71
ラルミナ，エドガール・ド　Edgard de Larminat　16
ラ・ロック，フランソワ・ド　François de La Roque　76
ラングロワ，モーリス　Maurice Langlois　92
ランジュヴァン，ポール　Paul Langevin　14
ランベール　Lambert　85
リヴェ，ポール　Paul Rivet　12
リヴェ，ルイ　Louis Rivet　108, 129
リエナール，アシル　Achille Liénart 88
リゴー，ジャン　Jean Rigault　50, 51, 53
リッター，ユリウス　Julius Ritter　82
リビエール，アンリ　Henri Ribière　32, 40, 67, 84, 85
リポシュ，モーリス　Maurice Ripoche　12, 38, 62, 121
リュイゼ，シャルル Charles Luizet　50
リュエフ，ジャック Jacques Rueff　71
リュカール，マルク　Marc Rucart　67
リュガン　gén.Lugand　40
リュセラン，ジャック　Jacques Lusseyran　36
リュバック，アンリ・ド　Henri de Lubac　135
ルヴェール，ジョルジュ　Georges Revers　106
ルクール，オーギュスト　Auguste Lecoeur　28, 80, 82
ルクレール，フィリップ　Philippe Leclerc de Hauteclocque　15, 16, 151
ルコント=ボワネ，ジャック　Jacques Lecompte-Boinet　38, 62, 65, 67

ルジャンティオム，ポール Paul Legentilhomme 15, 17
ルーズヴェルト，フランクリン Franklin Roosevelt 18
ルストノ=ラコ，ジョルジュ Georges Loustaunau-Lacau 10, 99 - 101, 124
ル・トロケ，アンドレ André Le Troquer 57, 67, 85, 86
ルヌーヴァン，ジャック Jacques Lenouvin 30, 31, 47, 105, 114, 124
ルネ，マルセル Marcel Renet 36
ルノー，ジルベール Gilbert Renault 11, 60
ルノルマン Lenormand（ロジェ・ココアン Roger Coquoinの変名） 38
ルバ，ジャン Jean Lebas 13, 85, 94, 125
ルバテ，ジョルジュ Georges Rebattet 115, 116
ルフォシュ，ピエール Pierre Lefaucheux 39, 136
ルベイロル J. Rebeyrol 39
ル・ベール Le Berre 81
ルペール，エーメ Aimé Lepercq 39
ル・ボー Le Beau 48
ルボン，マルセル Marcel Lebon 36
ルメーグル=デュブルイユ，ジャック Jacques Lemaigre-Dubreuil 50, 53
ルール，レミ Rémy Roure 31
ルロワ，マルセル Marcel Leroy 37
ルントシュテット，ゲルト・フォン Gerd von Rundstedt 131
レヴィ，ジャン=ピエール Jean-Pierre Lévy 34, 61, 67
レヴィツキ，アナトール Anatole Lewitzky 12, 121
レヴィヨン，トニー Tony Révillon 76
レオナール，ロジェ Roger Léonard 130
レキュイエ capt. Lécuyer 120
レジェ，アレクシス（=サン=ジョン・ペルス） Alexis Léger (-Saint-John Perse) 19
レスキュル，ピエール・ド Pierre de Lescure 95
レスキュル，フランソワ・ド François de Lescure 13
レスピナス，ピエール=シャルル Pierre-Charles Lespinasse 114
レナール，フランシス Francis Leenhardt 73, 156
レノー，アンリ Henri Reynaud 92
レノー，ポール Paul Reynaud 7, 8, 14, 48, 77
レミー Rémy（ジルベール・ルノー Gilbert Renaultの変名） 11, 40, 41, 60, 62, 104
ロジエ，アンリ Henri Laugier 20
ロストーケン Rostoken 131
ロナン，ジョルジュ Georges Ronin 108, 129
ロマン=プティ，アンリ Henri Romands-Petit 117 - 119
ローラン，オーギュスタン Augustin Laurent 32, 85, 92, 94
ローラン，シャルル Charles Laurent 40, 67
ローランティ，アンリ Henri Laurentie 134
ロル=タンギ，アンリ Henri Rol-Tanguy 74, 83, 150, 151
ロンドリ col. Rondely 71
ロンバック F. Rombach 127

# 参考文献


1 原著に挙げられているのは次の諸書である.

Alya Aglan, *La Résistance sacrifiée.* Le mouvement “Liberation-Nord”(1940 - 1947), Paris, Flammarion, 1999.〔見放された運動体「北部解放」(1940〜1947)〕

Claire Andrieu, *Le Programme commun de la Résistance*, Paris, Editions de l’Erudit, 1984.〔レジスタンスの共同綱領〕

Jean-Pierre Azéma, *De Munich à la Libération*, Paris, Le Seuil, 1979.〔ミュンヘンから解放まで〕

Jean-Pierre Azéma, *Jean Moulin face à l’histoire*, Paris Flammarion, 2001.〔歴史に直面するジャン・ムーラン〕

Claude Bellanger, Henri Michel et Claude Lévy, *Histoire générale de la presse française de 1940 à 1958.* (tome 4, 1975), Paris, PUF.〔フランス報道紙全史—1940〜1958〕

Diane de Bellecisze, *Les neuf sages de la résistance. Le CGE dans la clandestinité*, Paris, Plon, 1979.〔レジスタンスの九賢人—非合法下の「総合研究委員会」〕

Philippe Buton, *Les lendemains qui déchantent. Le PCF à la libération*, Paris, Presses de la FNSP, 1993.〔暗い未来、解放時の共産党〕

Michèle et Jean-Paul Cointet, *La France à Londres, 1940-1943*, Bruxelles, Complexe, 1993.〔ロンドンのフランス, 1940〜1943〕

Daniel Cordier, *Jean Moulin, l’inconnu du Panthéon*, 3 vol. Paris, Jean-Claude Lattès, 1989 - 1993.〔ジャン・ムーラン—パンテオンの無名戦士〕

Stéphane Courtois, *Le PCF dans la guerre*, Paris, Ramsay, 1980.〔戦時下の共産党〕

Laurent Douzou, *La desobéissance. Histoire du mouvement “Libération-Sud”*, Paris, Odile Jacob, 1995.〔不服従—「南部解放」史〕

*Journées d’études sur le mouvement syndical dans la résistance*, Ed. de la Courtille, 1972.〔レジスタンスにおける組合運動に関する研究集会〕

Harry R. Kedward, *Naissance de la Résistance dans la France de Vichy*, Seyssel, Champ-Vallon, 1989.〔ヴィシー政権下における抵抗運動の発生〕

Pierre Laborie, *L’opinion française sous Vichy*, Paris, Le Seuil, 1990.〔ヴィシー政権下におけるフランス世論〕

*La libération de la France*, Actes du colloque de la FNSP, Paris, Edition de la CNRS, 1976.〔フランス解放〕

*Les communistes français de Munich à Chateaubriant*, colloque de la FNSP, 1979.〔フランス共産党員の活動—ミュンヘンからシャトーブリアンまで—〕

*Les maquis*, colloque organisé par le ministère des Anciens Combattants, 1984.〔マキに参加した人々〕

Christine Levisse-Touzé, *Les femmes dans la Résistance*, Paris, Tallandier, 2003.〔レジスタンスの女性たち〕

Christine Levisse-Touzé, *L’Afrique du Nord dans la guerre*, Paris, Albin Michel,

1998.〔戦時下の北アフリカ〕
Henri Michel, Boris Guetzevitch, *Les idées politiques et sociales de la Résistance*, Paris, PUF, 1954.〔レジスタンスの政治理念と社会理念〕
Jean-François Muracciole, *Histoire de la France libre*, Paris, PUF, 1996.〔自由フランス史〕
Jean-François Muracciole, *Les enfants de la défaite, La Résistance, l'éducation et la culture*, 1996.〔敗戦の落し子—抵抗，教育，文化〕
Henri Noguères, *Histoire de la Résistance en France*, 5 vol. Paris, Robert Laffont, 1967 - 1981.〔フランス・レジスタンス史〕
Henri Noguères, *La vie quotidienne des résistants*, Paris, Hachette, 1984.〔抵抗戦士の日常生活〕
Denis Peschanski, *La France des camps*, Paris, Gallimard, 2002.〔フランスにおける強制収容所〕
Guillaume Piketty, *Pierre Brossolette : un héros de la Résistance*, Paris, Odile Jacob, 1998.〔レジスタンスの英雄，ピエール・ブロソレット〕
*La Résistance et les Français*, Actes des Colloques de Rennes（*Aspects sociologiques*, 1995）et de Besançon（*La lutte armée*, 1996）〔レジスタンスとフランス人〕
Marc Sadoun, *Les socialistes sous l'Occupation*, Paris, Presses de la FNSP, 1982.〔占領下の社会主義者〕
Olivier Wieviorka, *Une certaine idée de la Résistance*, Paris, Le Seuil, 1995.〔レジスタンスに関するある見解〕

2 その他，訳者が参照した文献のいくつかを紹介しておく（これらの大半はパリ国立図書館の開架棚に置かれている）.

Henri Amouroux, *La vie des Français sous l'Occupation*, Fayard, 1994.
Henri Amouroux, *La grande histoire des Français sous l'occupation*, I - X, Robert Laffont, 1977 - 1993.
Robert Aron, *Histoire de la libération de la France, juin 1944-mai 1945*, Fayard, 1959.
Jean-Pierre Azéma,（監修）*La France des années noires*, t. I, II Seuile, 1993.
Marcel Baudet（監修）*Encyclopédie de la guerre 1939-1945*, Casterman, 1977.
Serge Berstern / Pierre Milza, *Dictionnaire historique des Fascismes et des nazismes*, éd. Complexe, 1992.
Pierre Bourget , *Paris 1940-1944*, Plon, 1979.
Michèle et Jean-Paul Cointet（監修）*Dictionnaire historique de la France sous l'occupation*, Tallandier, 2000.
Marc Ferro, *Pétain*, Fayard, 1987.
Fondation Charles de Gaulle, *Le rétablissement de la légarité républicaine 1944*, -actes du colloque-, éd. Complexe, 1994.
Jacques Garnier（監修）*Dictionnaire Perrin des guerres et des batailles de*

*l'histoire de France*, Perrin, 2004.
Alain Guérin, *Chronique de la Résistance*, Omnibus, 2000.
François Marcot （監修）*Dictionnaire historique de la Résistance*, Robert Laffont, 2006.
Ministère des relations extérieures, *Documents diplomatiques français*, 1932-1939, t. I-XIX.
Renée et Paul Roux-Fouillet, Catalogue des périodiques clandestins diffusés en France de 1939 à 1945, Bibliothèque nationale, 1954.
Robert O. Paxton, *L'armée de Vichy, le corps des officiers français, 1940-1944,* Tallandier, 2004.

3 わが国で刊行されている関連図書は多くはないが，いまも比較的入手が容易と思えるものをいくつか挙げておく．

アンリ・ミシェル『レジスタンスの歴史』（淡徳三郎訳），白水社文庫クセジュ，1951年.
マルク・ブロック『奇妙な敗北』（井上幸治訳），東京大学出版会，1970年.
淡徳三郎『レジスタンス』，新人物往来社，1970年.
海原峻『レジスタンス』（ドキュメント現代史８），平凡社，1973年.
エマニュエル・ダスティエ『七日七たび』（山崎庸一郎訳），冨山房（百科文庫），1978年.
ジャン・ドフラーヌ『対独協力の歴史』（大久保敏彦／松本真一郎訳），白水社文庫クセジュ，1990年.
アンリ・ミシェル『ヴィシー政権』（長谷川公昭訳），白水社文庫クセジュ，1979年.
ゲルハルト・ヘラー『占領下のパリ文化人』（大久保敏彦訳），白水社，1983年.
長谷川公昭『ナチ占領下のパリ』，草思社，1986年.
ジャン・ドフラーヌ『ドイツ軍占領下のフランス』（長谷川公昭訳），白水社文庫クセジュ，1988年.
大崎正二『パリ，戦時下の風景』，西田書店，1993年.
渡辺和行『ナチ占領下のフランス—沈黙，抵抗，協力』，講談社（選書），1994年.
ピエール・ムーニエ『我が友　ジャン・ムーラン』（福本秀子訳），東洋書林，1996年.
アルベール・シャンボン『仏レジスタンスの真実』（福元啓次郎訳），河出書房新社，1997年.
『母と子で見る祖国フランスを救え—レジスタンスにかけた青春—』，草の根出版会，2001年.
川上勉『ヴィシー政府と国民革命』，藤原書店，2001年.
ロバート・パクストン『ヴィシー時代のフランス』（渡辺和行訳），柏書房，2004年.

# レジスタンス関連刊行物一覧

〔アイウエオ順〕（　　）内は発行者または団体

愛国者：Le Patriote（L. Pellerin）
H（アッシュ）時：l'Heure H（於ル・アーヴル）
アルク：l'Arc（P.Corréard）
アルザス：l'Alsace（C. Schneider）
いとしのさすらい人：le Vagabond bien-aimé（J.Maltrud）
一般広報：Bulletin d'informations générales（FL）
海の沈黙：Vercors, *Le silence de la mer*（深夜叢書）
ヴァルミ：Valmy（R. Burgard）
エスプリ：Esprit（E. Mounier）
MUR 内部広報：（Bulletin intérieur des MUR）
OCM 手帖（Les Cahiers de l'OCM）
青書（カイエ・ブルー）：Cahier bleu（Délégation générale）
解放：Libération（E. d'Astier）
解放学校：l'Ecole libératrice（← Ecole et Liberté）
解放手帖：Les Cahiers de la Libération（Libération-Sud）
解放と連邦：Libérer et Fédérer（S. Trentin）
学校と自由：Ecole et Liberté（SNI）（→ Ecole libératrice）
北の声：La Voix du Nord（J. Noutour）
希望：Espoir（J. Nocher）
キリスト者の証言：Les Cahiers du Témoignage chrétien（P. Chaillet）
義勇兵：Franc-Tireur
鎖につながれた雄鶏　Le coq enchaîné（radicaux+francs-maçons）
組合員大衆：Le Peuple syndicaliste（PC）
グレヴァン博物館：Aragon, *Le Musée Grévin*（深夜叢書）
黒い手帖：Mauriac, *Le Cahier noir*（深夜叢書）
警察の名誉：Honneur de la Police（FN）
決起部隊：L'Insurgé（M. Fugère）
現代：Temps présent（S. Fumet）（→新時代）
新時代：Temps nouveau（←現代）（→ポジション）
真実：Vérités（←つばさ）
進歩：le Progrès（G. Altman）
深夜新聞：Le Journal de Minuit（France d'abord）
自由：Liberté（F. de Menthon）
自由：Liberté（PC-Algérie）
自由雑誌：La Revue libre（F-T）
自由思想：La Pensée libre（J. Decour）（→ Les Lettres françaises）
自由シャンパーニュ：La Libre Champagne（PC）
自由人：L'Homme libre（J. Lebas）（→第四共和制）

自由大学：L'Université libre（PC）
自由東部：L'Est libre（PC）
自由ピカルディー：La Picardie libre（PC）
自由フランス：La France libre（P. Corréard）（→ L'Arc）
自由法曹：Le Palais libre（FN）
情報資料局：Agence d'information et de documentation（BIP+CID）
情報資料センター：Centre d'Information et de Documentation（MUR）
情報・宣伝雑誌：Bulletin d'Information et de Propagande（MLN）（→つばさ）
情報通信：Courrier d'Information（FL）
政治手帖：Les Cahiers politiques（CGE）
青年手帖：Les Cahiers de notre Jeunesse（G. Dru）
占領下の諸君へ：Conseils à l'occupé（J. Texcier）
それから：Après（Combat）
大地：La Terre（FN）
第四共和制：La Quatrième République（←自由人）
戦うフランスからの手紙：La lettre de la France combattante（CI）
戦うフランス公報：Bulletin de la France combattante（FL）
つばさ：Les Petites Ailes（←情報・宣伝雑誌）（→真実）
抵抗：Résistance（Musée de l' Homme）
抵抗：Résistance（M. Renet）
デュシェーヌ親父：Le Père Duchesne（F-T）
闘争：Combat（＝ Vérite+Liberté）（MLF）
七月十四日：14 Julio（à Mexique）
ニースの愛国者：Le Patriote niçois（PC）
ノール県とパ＝ド＝カレ県の小さな翼：Petites Ailes du Nord et du Pas-de-Calais（J-Y. Mulliez）
パリの主婦：La Ménagère parisienne (FN)
パンタグリュエル：Pantagruel（R. Deiss）
非宗教活動：L'Action laïque（Ligue de l'enseignement）
非宗教学校：L'Ecole laïque（PC）
フランス：France（cercle Jean Jaurès）
フランス映画：l'Eclan français（FN）
フランス演劇：La Scène française（FN）
フランス・オリエント：France Orient（au Caire）
フランス人への手紙：Lettres aux Français（J. Arthuys）
フランス人民への呼びかけ：L'Appel au peuple de France（PC）
フランス文芸：Les lettres françaises（PC）（← La Pensée libre）
フランス防衛隊手帖：Cahiers de Défense de la France
フランスの医師：Le Médecin français（FN）
フランスのことば：Paroles françaises（France d'abord）
フランス・ノート：Les Cahiers français（CI）

フランスの労働運動：Le Mouvement ouvrier français（FN）（→ La Résistance ouvrière）
フランスよ，永遠なれ：France for ever（於ニューヨーク）
プログレ：Le Progrès（P. Corval）
ポジション：Positions（S. Fumet）（← Temps nouveau）
未来：Avenir（OCM）
民衆：Le populaire（PS）
　バ=ラングドック版：Le Populaire du Bas-Languedoc
　ミディ版：Le Populaire du Midi
ユーパリノス 41：Eupalinos 41（FN）
ユマニテ：l'Humanité（PC）
ラ・マルセイエーズ：La Marseillaise（PC）
ラ・モンターニュ：La Montagne（A. Sauger）
ルージュ・ミディ：Rouge Midi（PC）
黎明：L'Aube（G. Bideau）
労働者生活：la Vie ouvrière（PC）
労働者のレジスタンス：La Résistance ouvrière（← Le Mouvement ouvrier français）

# 関連略年表

【1933年】
1月30日　独，ヒトラー政権誕生
【1936年】
6月4日　人民戦線内閣誕生（首班レオン・ブルム）
【1938年】
3月12日　独，オーストリア併合
4月10日　エドゥアール・ダラディエ内閣
9月30日　ミュンヘン協定
11月30日　人民戦線崩壊
【1939年】
8月23日　独ソ不可侵条約
9月1日　独，ポーランド侵攻（第二次世界大戦勃発）
9月3日　仏，独に宣戦布告
9月26日　仏，共産党解散命令
【1940年】
3月21日　ポール・レノー内閣
5月31日　独軍，仏に侵入
6月14日　パリ陥落（仏政府ボルドー移動）
6月17日　仏，降伏．ド・ゴール，ロンドン亡命
6月18日　ド・ゴール，仏国民に呼びかけ
7月1日　仏政府，ヴィシーに移る
7月10日　ヴィシー政権誕生．仏共産党『フランス人民への呼びかけ』
7月11日　ペタン元帥，国家主席就任
8月7日　「自由フランス」，英政府と協定
8月25日　組合活動家，「経営・組合研究委員会（CEES）」創設
9月　「解放者（CDLL）」結成
10月9日　ペタン，「国民革命」提唱
10月27日　ド・ゴール，「植民地防衛委員会（CDE）」設置（於ブラザビル）
11月11日　学生による反独デモ（於パリ）
11月15日　『フランス労働組合宣言』（CESS）
12月　「軍民統一戦線（OCM）」結成
【1941年】
2月　「人類博物館」グループ検挙
3月　「社会主義者活動委員会（CAS）」結成
3月15日　仏共産党，「国民戦線」提唱
6月22日　独，ソ連侵攻
8月　「解放」，『抵抗憲章』発表
9月24日　「フランス国民委員会（CNF）」設置

11月　「フランス解放運動（MLF）」発足
12月　「戦後問題検討委員会（CEPA）」創設
【1942年】
2月19日　リオム裁判（→4月15日）
4月17日　ピエール・ラヴァル、政権復帰
5月1日　「フランス労働者運動（MOF）」結成
7月2日　オーベルク＝ブスケ協定
7月14日　「自由フランス」,「戦うフランス」と改名
8月　「中央情報行動局（BCRA）」設置
11月11日　独軍，フランス全土占領
11月26日　「南部地域調整委員会（CCZS）」（ジャン・ムーラン議長）設置
【1943年】
1月　最初のマキ結成（於オート＝サヴォワ）
「統一レジスタンス運動（MUR）」設置
1～2月　「パシ＝ブロソレット使節団（＝アルキュビュズ＝ブリュメール使節団）」による調停
2月16日　「強制労働徴用（STO）」発令
4月　MUR,「マキ担当課」新設
5月27日　「全国抵抗評議会（CNR）」初会合（於パリ）
6月3日　「フランス解放評議会（CFLN）」結成（於アルジェ）
6月21日　ジャン・ムーランの逮捕
7月　伊軍，オート＝サヴォワのマキ掃討
11月3日　臨時諮問会議開催（於アルジェ）
11月17日　「特殊任務統合本部（DGSS）」設置
12月29日　「フランス国内軍（FFI）」創設
【1944年】
1月21日　「国内軍事活動委員会（COMIDAC）」設置
2～3月　グリエールのマキ壊滅
3月15日　「全国抵抗評議会」綱領
3月28日　CNR,「解放地方委員会（CLL）」結成
6月3日　CFLNを「共和国臨時政府（GPRF）」と改称
6月6日　ノルマンディー上陸作戦
6月13日　ヴェルコールの戦い（→7月24日）
8月15日　連合国軍，プロヴァンス上陸
8月19日　パリ蜂起
8月25日　パリ解放
【1945年】
5月8日　ドイツ第三帝国降服

# 名称・略称一覧

## レジスタンス運動体・地下組織

° ：地下組織　（ ）：略称　［ ］：中心者・系列・地域
→：新　←：旧　＋：合併

Action immédiate (AI)：即時行動隊 (← AO) [M. Degliame]
Action ouvrière (AO)：労働者行動隊 (→ AI) [Combat]
Agence d'information et de documentation (AID) (=CID+BIP)：情報資料局
Allah°：アラー [R. Alaterne]
Alliance°：連帯（←十字軍）[M-M. Fourcade]
Andromède°：アンドロメダ [BCRA]
Armée des volontaires：義勇軍 [Paris]
Armée juive：ユダヤ軍 [D. Knout]
Armée secrète（AS）：秘密部隊 [H. Frenay] (→ FFI)
　Armée secrète-Nord（AS-Nord）：北部秘密部隊
　Armée secrète-Sud（AS-Sud）：南部秘密部隊（→ AS-MUR）
Autogiro°：オートジロ [P. de Vomécourt]
Avocats socialistes：社会主義弁護士会 [A. Weil-Curiel]
Azur°：アジュール [Marseille]
Bataillon de la jeunesse：青年大隊 [PC]
Bataillon de la mort：決死部隊
Benedictine°：ベネディクティヌ [BCRA]
Bouleau°：白樺 (Lyon)
Bordeau°：ボルドー [BCRA]
Bourgogne°：ブルゴーニュ [BCRA]
Brutus°：ブルータス（←闘うフランス←ヴェニ）[P. Fourcaud]
Cactus°：カクトゥス [Clermont-Ferrand]
Carte°：カルト [P. Bénouville]
Centre d'information et de documentation (CID)：情報資料センター [MUR]
Centurie°：サンテュリー (OCM)
Ceux de la libération（CDLL）：解放者 [M. Ripoche] (+Vengeance)
Ceux de la Résistance（CDLR）：抵抗者 (← DPL)
Chartres°：シャルトル (SOE)
Cohors°：コオール [J. Cavaillès]
Cointreau°：コアントロー [BCRA]
Coligny°：コリニ総局 (BCRA)
Combat（＝ MLN，1）

Comète°：コメット [A. De jongh]
Comité central de la Résistance (CCR)：レジスタンス中央委員会
Comité de Résistance des syndicats chrétiens（CRSC）：キリスト教労働者レジスタンス委員会 [G. Tessier]
Comité inter-mouvements auprès des évacués：CIMADE [protestants]
Comité militaire national（CMN）：全国軍事委員会 [PC]
Comité national de salut public（CNSP）：民衆救済国民委員会 [Musée de l'Homme]
Confrerie Notre-Dame°（CND）：ノートルダム信徒会 [L. de la Bardonnie]
Cornwallis°（B）：コーンウォリス (SOE)
Corps-Francs：特攻隊 [A.Pommiès]
Corps-Francs de la liberation（CFL）：解放義勇軍 (=AI+AS-N+AS-S)
Croisade：十字軍（→連帯）
Défense de la France (DF)：フランス防衛隊 [Ph. Viannay]
Défense de la Patrie et de Lorraine (DPL)：祖国・ロレーヌ防衛隊（→ CDLR）
La Dernière colonne（DC）：最後列（→ L-S）[E. d'Astier]
Domenach：ドムナック
Eclaireurs israélites：斥候 [ユダヤ教徒]
Electre°：エレクトル [BCRA]
Equipes sociales：社会活動班 [E. Michelet]
Erable°：エラーブル (Toulouse)
Etat-major PTT：郵政省参謀本部 [E. Debeaumarchais]
Etoile°：エトワール
Famille°：ファミーユ（Polonais）( → F1, F2…)
Fana°：ファナ [FN]
Félix°：フェリクス
Français libres de France (FLF)：自由フランス人 [C. Aveline]
Françoise°：フランソワーズ (SOE)
Franc-Tireur (FT)：義勇兵（← France-Liberté）
Francs-Tireurs et Partisans（FTP）：義勇遊撃隊 [PC] ( → FFI)
France d'abord：フランス独尊 (=Templiers)
La France au combat：闘うフランス（←ヴェニ）
France-Liberté：フランス・リベルテ（→ Franc-Tireur）
Le Front national de lutte pour l'indépendance de la France（FN）：フランスの独立のために闘う国民戦線 [PC]
Groupes francs：遊撃班 [Combat]
Hi-Hi, Ho-Ho, Aj-Aj, Na-Na, Ya-Ya...(=OSS)
Honneur et Patrie：名誉と祖国 ( → BCRA)
Jean-Jacques°：ジャン=ジャック（SOE）
Jeunesses chrétiennes combattantes (JCC)：戦うキリスト教青年
Libération (L)：解放
Libération-Nord（L-N）：北部解放 [C. Pineau]

Libération-Sud（L-S）：南部解放（←最後列）
Libérer et Fédérer (LF)：解放と連邦
Liberté：リベルテ [F. de Menthon]
Lorraine：ロレーヌ (→CDLR)
Main-d'oeuvre immigrée（MOI）：移民労働者部隊 [PC]
Mandouze：マンドゥーズ
Manipule°：マニピュル [CDLR]
Marco Polo°：マルコ・ポーロ [BCRA]
Milices patriotiques（MP）：愛国民兵団 [PC]
Mithridate°：ミトリダト [BCRA]
Mouvement de libération française（MLF）(=MLN,1+Liberté)：フランス解放運動
１）Mouvement de libération nationale（MLN）国民解放運動 [H. Frenay]
２）Mouvement de libération nationale（MLN）（＝Lorraine+Résistance+Defense de la France）：国民解放運動
Mouvement national révolutionnaire（MNR）：国民革命行動隊
Mouvements unis de Résistance（MUR）(=Combat+L+FT)：統一レジスタンス運動 [J. Moulin]
Navarre°：ナヴァール（→Alliance）
Nestlé°：ネスレ [BCRA]
Nevers°：ヌヴェール (SOE)
Noyautage des administrations publiques (NAP)：行政機関組織工作隊 [Combat]
Orchestre rouge：赤いオーケストラ（USSR)
Organisation civile et militaire（OCM）：軍民統一戦線（＝MCM+CTI）
Organisation de résistance de l'Armée（ORA）：軍抵抗組織 (←OMA) (→FFI) [休戦軍]
Organisation métropolitaine de l'armée（OMA）：内地軍組織（→ORA）[休戦軍]
Organisation nationale de la résistance（ONR）：国民抵抗組織（CDLR）
Organisation spéciale（OS）：特別部隊 [PC]
Parsifal°：パルシファル
Pat°：パット（SOE）
Pernod°：ペルノー [BCRA]
Phalanx°：ファランクス [C. Pineau]
Phratrie°：フラトリ [BCRA]
Résistance：抵抗 [M. Renet]
Savannah：サヴァンナ (=SOE)
Service national des maquis (SNM)：マキ担当課 [MUR]
Shelburn°：シェルバーン（SOE）
Socialisme et liberté（SL）：社会主義と自由 [J-P. Sartre]
Super-NAP：上級 NAP [MUR]
Templiers：神殿騎士団（タンプリエ）(=France d'abord)
Travail：トラヴァイユ [ドイツ人]
Troène°：トロエーヌ [BCRA]

Turma° : テュルマ [CDLR]
Vengeance : 復讐 (+CDLL) [Ile de France]
Veni（Veny）: ヴェニ（→闘うフランス→ブルータス）[G. Deferre]
Vermillon° : ヴェルミヨン
Vic° : ヴィク
Volontaires de la liberté : 自由を求める人々 [J. Lusseyran]

## 政府機関

以下の指示以外は「自由フランス」の機関
（V）＝ヴィシー政権　（D）＝ドイツ　（B）＝イギリス
（USA）＝アメリカ　（USSR）＝ソ連　（I）＝イタリア
→新　←旧

ABW = Abwehrdienst（D）: 国防軍防諜部
AFL = Afrique française libre : フランス領自由アフリカ
AMGOT = Allied Military Government of occupied Territory : 占領地域連合国軍政府
BCRA = Bureau central de renseignement et d'action（→ DGSS）: 中央情報行動局
BCRAM = Bureau central de renseignements et d'action militaire : 中央情報・軍事行動局
BIP = Bureau d'Information et de Presse : 情報報道局
BMA = Bureaux des menées anti-nationales（V）: 反国家陰謀摘発課
BOA = Bureau des opérations aériennes : 航空作戦局
BS = Brigades spéciales（V）: 特別班
CAD = Comite d'action contre la déportation : 強制移送反対闘争委員会（当初はCCR内）
CAI = Comission d'action immédiate : 決起行動特別委員会
CAV = Comission d'aide aux victimes : 犠牲者援助特別委員会
CC = Comité de Coordination : 調整委員会
　CCZN = Comité de coordination de zone Nord : 北部地域調整委員会
　CCZS = Comité de coordination de zone Sud : 南部地域調整委員会
CCM = Commandement en chef civil et militaire（← HCA）: 北アフリカ軍民総司令部
CDE = Conseil de défense de l'Empire : 植民地防衛委員会
CDL = Comité departemental de la Libération : 県別解放委員会
CE = Conseil de l'Empire（V）: 植民地評議会
CE = Comité des experts（→ CGE）: 専門委員会
CE = Commission d'épuration : 追放者指名特別委員会
CEPA = Commissions d'études des problèmes de l'après-guerre : 戦後問題検討

委員会
CFLN ＝ Comité français de libération nationale（→ GPRF）：フランス解放評議会
CGE ＝ Comité général d'études（← CE）：総合研究委員会
CI ＝ Commissariat à l'Information：情報委員会
CLL ＝ Comité local de la libération：解放地方委員会
CN ＝ Conseil national（V）：国民評議会
CNF ＝ Comité national français：フランス国民委員会
CNR ＝ Conseil national de la Résistance：全国抵抗評議会
CODE ＝ Commission des désignations：各種委員任命委員会
COM ＝ Comité médical de la Résistance：医療委員会
COMAC ＝ Comité d'action militaire：軍事活動委員会
COMIDAC ＝ Comité d'action en France：国内軍事活動委員会
CORA ＝ Commission du ravitaillement：物資補給委員会
COSOR ＝ Comité des oeuvres sociales de la Résistance：社会事業委員会
CPL ＝ Comité parisien de libération：パリ解放委員会
DGFL ＝ Délégation générale de la France libre：自由フランス代表部
DGSS ＝ Direction générale des services spéciaux（← BCRA）：特殊任務統合本部
1）BRAA ＝ Bureau de renseignement et d'action d'Alger：アルジェ情報行動局
2）BRAL ＝ Bureau de renseignement et d'action de Londres：ロンドン情報行動局
DMN ＝ Délégué militaire national：全国軍事委員
DMR ＝ Délégué militaire régional：地方軍事委員
DMZ ＝ Délégué militaire de zone：地域担当軍事委員
ELHE ＝ Ecole libre des Hautes Etudes：高等研究自由学院（於ニューヨーク）
EM-FFI ＝ Etat-major national des FFI：フランス国内軍参謀本部
EMZO ＝ Etat-major zone occupée：占領地域司令部
FC ＝ France combattante（← FL）：戦うフランス
FFI ＝ Forces françaises de l'Intérieur：フランス国内軍
FFL ＝ Forces françaises libres：自由フランス軍
FL ＝ France libre（→ FC）：自由フランス
GESTAPO ＝ Geheime Staatspolizei（D）：国家秘密警察
GMR ＝ Groupes mobiles de réserve（V）：予備機動隊
GPRF ＝ Gouvernement provisoire de la République française：フランス共和国臨時政府
HCA ＝ Haut-Commissariat en Afrique（V）：アフリカ高等弁務官事務所
MILICE (V)：民兵団（ミリス）
MI 6, MI 9（B）＝情報局秘密情報部
OSS ＝ Office of strategic services（USA）：戦略事務局
OVRA ＝ Opera vigilanza repressione antifascismo（I）：反ファシスト検束秘密警察
PQJ ＝ Police des questions juives（V）：ユダヤ問題担当警察
PWE ＝ Political warfare executive（B）：情報喧伝局

SAP = Section des atterissages et parachutages：降下着陸局
SD = Sicherheitsdienst（D）：秘密情報機関
SFHQ = Special forces head quarter（SOE+OSS）：特設本営 ( → BCRA)
SIPO = Sicherheitspolizei（D）：公安警察
SN = Sûreté nationale（V）：国家警察
SNM = Service national des maquis：マキ担当課
SOAM = Service des opérations aériennes et maritimes（→ SAP, WT）：海空作戦本部
SOE = Special operations executive（B）：特別作戦本部
SOL = Service d'ordre légionnaire（Légion française des combattants）（V）：フランス戦士団保安隊（→ Milice）
SS = Schutzstaffel（D）：親衛隊
STO = Service du travail obligatoire（V）：対独協力強制労働課
TE = Tribunal d'Etat（V）：国家法廷
WT = Service Radio：ラジオ局

## 諸政党

AD = Alliance démocratique：民主同盟
CAS = Comité d'action socialiste：社会主義者活動委員会
DC = Démocratie-chrétienne：キリスト教民主系
F = le Faisceau：ファッショ党
FR = Fédération républicaine：共和連合
JR = Jeune république：青年共和党
MRP = Mouvement républicain populaire：人民共和派
PCF = Parti communiste français：フランス共産党
PDP = Parti démocrate populaire：人民民主党
PPF = Parti populaire français：フランス人民党
PR = Parti radical：急進党
PS = Parti socialiste：社会党
PSOP = Parti socialiste ouvrier et paysan：労農社会党
PT = Parti travailliste：労働党
SFIO = Section française de l'Internationale ouvrière：社会主義インターナショナル・フランス支部
UDSR = Union démocratique et socialiste de la résistance：レジスタンス社会民主連合

## 各種団体

AC = Amitié chrétienne：キリスト教友愛会
ACJF = Action cathorique de la jeunesse française：フランス・カトリック青年同盟

AFQM = Association France quand même：何はともあれフランス協会
CEES = Comité d'études économiques et syndicales：経営・組合研究委員会
CFL = Comité des Français libres：自由フランス人会
CFTC = Confédération française des travailleurs chrétiens：キリスト教労働者同盟
CGT = Confédération générale du travail：労働総同盟
CGTU = CGT-unitaire：統一労働総同盟
CJJ = Cercle Jean Jaurès：ジャン・ジョレスクラブ
CNPG = Comité national des prisonniers de guerre：戦争捕虜全国委員会
CTI = Confédération des travailleurs intellectuels：知識労働者総連合
FNPC = Fédération nationale de la presse clandestine：全国地下出版連盟
Forces unies de la jeunesse patriotique（FUJP）：愛国青年連合 [PC]
JC = Jeunesse communiste：共産主義青年団
JCC = Jeunesses chrétiennes combattantes：戦うキリスト教青年
JEC = Jeunesse étudiante chrétienne：キリスト教青年学生連盟
LE = Ligue de l'enseignement：フランス教育連盟
MCM = Mouvement des classes moyennes：中産階級運動
MLN = Mouvement de libération nationale：国民解放運動
MNPGD=Mouvement national des prisonniers de guerre et déportés：全国戦争捕虜抑留者団体
MOF = Mouvement ouvrier français（= CGT+CFTC）：フランス労働者運動
MURF = Mouvement unifié de la résistance française：フランス・レジスタンス統一行動
RNPG = Rassemblement national des prisonniers de guerre：全国戦争捕虜連合
SNI = Syndicat national des Instituteurs：全国教員組合